U0742859

大学生
职业选择与生涯发展规划

西安交通大学本科"十四五"规划教材

新时代高等学校通识课系列教材

主编　刘　朔

西安交通大学出版社
XI'AN JIAOTONG UNIVERSITY PRESS

国家一级出版社
全国百佳图书出版单位

图书在版编目（CIP）数据

大学生职业选择与生涯发展规划/刘朔主编. —西
安:西安交通大学出版社,2022.6
ISBN 978 - 7 - 5605 - 9903 - 8

Ⅰ.①大… Ⅱ.①刘… Ⅲ.①大学生—职业选择—教
材 Ⅳ.①G647.38

中国版本图书馆 CIP 数据核字(2022)第 059911 号

大学生职业选择与生涯发展规划

DAXUESHENG ZHIYE XUANZE YU SHENGYA FAZHAN GUIHUA

主　　编	刘　朔
责任编辑	王斌会
责任印制	刘　攀
装帧设计	任加盟

出版发行	西安交通大学出版社
	（西安市兴庆南路 1 号　邮政编码 710048）
网　　址	http://www.xjtupress.com
电　　话	(029)82668357　82667874(市场营销中心)
	(029)82668315(总编办)
传　　真	(029)82668280
印　　刷	西安明瑞印务有限公司

开　　本	720mm×1000mm　1/16　印张 13.5　字数 170千字
版次印次	2022 年 6 月第 1 版　2022 年 6 月第 1 次印刷
书　　号	ISBN 978 - 7 - 5605 - 9903 - 8
定　　价	45.00 元

如发现印装质量问题,请与本社市场营销中心联系调换。

订购热线:(029)82665248　(029)82667874
投稿热线:(029)82668525

前 言

就业问题是党和政府一直关注的重要议题。就业是最大的民生,是社会稳定的重要保障。2020 年《政府工作报告》提出,"稳就业"是"六稳"与"六保"之首。党中央、国务院出台了一系列稳就业、促就业的措施,有力地保障了就业形势总体稳定。解决大学生的就业问题,除了刺激经济,增加就业岗位,还要提高大学生的就业力,使其适应市场需求,成功就业并为国家发展贡献力量。

对于每一人而言,职业生命是有限的,如果不进行有效的职业规划,就会造成时间和精力的浪费。《大学生职业选择与生涯发展规划》是一本帮助大学生进行职业选择与规划的启蒙教材。希望大学生通过职业世界探索和自我探索,锁定职业目标,提高就业力,并不断完善和调整自己的职业生涯规划。同时,本书可以为从事大学生职业生涯规划辅导的高校教师、咨询师、辅导员等提供一些借鉴和指导,以帮助他们更好地掌握职业选择与生涯发展规划的要点和技巧。作为大学生职业生涯规划教材,本书与目前市场上其他同类教材相比,具有如下特点:

(1)体系科学完整。职业选择与规划是人一生中面临的重要问题,也是最大挑战之一。本书试图回答大学生职业选择与规划的七个重要问题:职业生涯可以规划吗？你了解职业世界吗？你适合什么职业？如何进行职业选择？如何促进职业目标实现？如何在求职中脱颖而出？如何创业？高质量的职业指导可以帮助大学生找到适合的职业,也可以让国家的劳动力需求得到满足。本书包括七章内容:第一章主要让大学生了解职业生涯规划的重要性,并学会如何进行职业生涯规划;第二章主要让大学生了解职业的发展趋势和未来职业的变化,并学会搜集职业信息;第三章主要让大学生探索自己的职业兴趣、职业性格、职业能力、职业价值观,了解自己适合什么职业;第四章主要让大学生掌握职业决策的基本方法,并学会通过行业、职位、组织、岗位分析进行职业选择;第五章主要通过大学四年的学生生涯管理帮助大学生促进职业目标实现;第六章主要探讨如何撰写简历、准备面试,在求职中脱颖而出;第七章主要帮助大学生提高创业素质和创业能力。整本书体系科学完整,通过问题导向方式让大学生学会如何进行职业生涯规划与调整。

（2）内容切合实际。编者担任大学生职业生涯发展规划课程主讲教师十余年,先后给千余名大学生讲授过此课程,并给很多学生进行了个性化的职业指导,充分了解当代大学生的特点和现实需求;我们课题组对731个就业单位进行问卷调查,出版了专著《大学生就业力研究》。所以,本书内容一部分来自成熟的职业生涯规划理论和方法,一部分来自课堂实践,还有一部分来自实证研究,既贴合大学生职业选择与生涯规划的现实需要,又符合用人单位对大学生就业力的实际需要,能够帮助大学生进行科学有效的职业生涯规划。

（3）案例真实丰富。本书每章中都有两个案例,第一个案例是情景导入,主要描述大学生对某个职业问题的困惑,继而引入本章内容,希望为有类似困惑的大学生答疑解惑。第二个案例是案例分析,根据本章内容,编制一个完整的案例故事,主要描述大学生如何解决相关的职业困惑,与本章内容直接对应,也与第一个案例遥相呼应。所有案例均来自笔者认识的学生,并对真实情况进行了细微修改,具有很强的参考性,对大学生具有一定的启示意义。

(4)方法有趣有效。本书配有大量的测试题、课堂练习、小活动、案例分析,增加了阅读的趣味性。但我们强调本书的"使用"而非"阅读",因为职业生涯规划是由行动主导的,我们希望大学生通过本书所教授的方法,积极探索职业世界,积极探索自己,知道如何进行职业选择,如何锁定职业目标,如何通过大学阶段提高就业力。我们希望每一个大学生通过学习本书都能掌握一定的职业选择与规划的技巧,对自己的职业选择和生涯规划清晰明了。

感谢我的四位硕士研究生参与了本书的编写工作,他们分别是:刘会会(第二、五章),张茜(第一、四章),王诗琦(第三、五章),梁娅(第二、六、七章)。感谢每年选修大学生职业生涯发展规划课程的大学生,他们在课堂上的热烈讨论,小组合作完成的生涯人物访谈和专业发展探索,活动手册上生动的个人成长故事,认真撰写的职业生涯规划书,给本书提供了很多鲜活的案例和新颖的观点。本书引用了部分学生的讨论或作业,对他们表示衷心的感谢,他们是李加乐、刘毓敏、林诺妍、翟佳文、李佳雪、彭渝文等,也要感谢我曾教过的学生,他们已经成为各行各业的优秀人才,他们的成长经历和建议给本书提供了很好的参考,他们是胡遵利、宋美芝、盛智博、牛鹏宇等。感谢所有上面没有提到名字,但对本书有过贡献的老师和同学。

总之,希望所有阅读过本书的高校教师、职业生涯规划师、辅导员等都能有所收获,也衷心祝福每位大学生朋友,希望你们能认真思考自己的职业生涯规划问题,好好管理自己的大学生活,努力实现自己的职业目标和理想。

希望每位大学生未来都能成为最好的自己！

刘朔

2022 年 1 月 12 日

目 录

CONTENTS

第一章　职业生涯可以规划吗？

　　小西是大一新生，兴趣非常广泛，喜欢运动，经常参加各种比赛，喜欢国画，享受画画的过程，喜欢音乐，尤其是摇滚乐。成长路上，她有过很多的职业梦想，小时候想做记者，因为看见电视上的记者可以到全国甚至世界各地"玩"。后来她觉得律师、法官、服装设计师、建筑规划师等职业都很好，可是深入了解后，发现这些职业好像都不太适合，感觉自己没有相关方面的天赋，便一次次地放弃了这些梦想。高一，她遇见了一位有趣的数学老师，他年轻、睿智、幽默，把数学知识讲述得非常吸引人。小西发现自己对数学很感兴趣，在数学方面似乎比别的同学更有天赋，她就萌发了当高中数学老师的职业梦想，她高考志愿填报的大多是师范院校的数学专业，结果意外被某大学的"提前批"录取，录取的专业是人居环境科学与技术。拿到录取通知书那天，她一方面庆幸自己压线进入这所"双一流"高校，一方面又遗憾没机会学自己喜欢的数学专业。

　　小西进入大学，对自己所学的专业一无所知，对这个专业将来能从事什么职业也不清楚，对自己的未来很迷茫。新生入学讲座中，她听学长和学姐们说要早早进行职业生涯规划，她不知道什么是职业生涯规划，职业生涯可以规划吗？应该如何规划呢？小西很困惑，希望本章内容能帮她答疑解惑。

内容摘要

大学阶段是一个人成长的重要时期。大学生不仅要好好学习专业知识,参加社会实践活动,锻炼各种能力,还应该早早对自己的职业生涯进行规划。清晰的职业生涯规划有助于大学生明确人生方向,开发潜能,实现自我,更有利于大学生把国家发展和社会需要结合起来,通过大学4年的学业和实践管理,提升综合素质,培养良好的职业意识,促进自己职业目标实现,为社会主义建设添砖加瓦。

本章主要探讨职业生涯的几个基本概念,阐释职业生涯规划的意义,介绍职业生涯规划的影响因素、职业生涯选择与规划的基本原则与方法,让学生明晰职业生涯规划的重要性及程序、步骤。

教学目标

思政目标

·认识职业生涯规划的意义,树立正确的择业观。

·结合国家发展和社会需求,进行职业选择与规划。

知识目标

·了解生涯、职业生涯、职业生涯规划与发展的概念。

技能目标

·掌握职业生涯选择与规划的基本程序与步骤,科学制订个人职业生涯发展计划。

第一节　职业生涯规划基本内涵

你为什么读大学?你知道自己的专业适合哪些职业?你本科毕业后是打算直接工作还是读研?如果读研,你是打算在国内读研还是去国外深造? 如果直接工作,你是打算考公务员还是去企业工作? 你知道国企和民企有哪些不同吗? 你知道创业有哪些风险吗? 你了解国家对人才的需求情况吗? 对以上这些问题,很多大学生都没有认真思考过,甚至有的大学生毕业的时候也不清楚,别人考研自己也考,别人考公务员自己也考,但是为什么考,并未深究。

大学是一个人成长的重要时期。大学生不仅要好好学习专业知识,参加各种比赛和实践活动,还要切实有效地进行职业探索和职业规划。清晰的职业规划有助于大学生明确人生方向,开发潜能,实现自我,更有利于大学生把个体的职业目标融入国家发展中,通过 4 年的学习和实践,提升综合能力,促进自己人生目标的实现,为中华民族伟大复兴贡献一份力量。

一、职业生涯规划的概念

在明晰职业生涯规划概念之前,我们先辨析职业、生涯、职业生涯这几个相关概念。

1. 职业

何为职业? 从词义学的角度来看,职业是由"职"和"业"构成,"职"为职位、职责、职能;"业"为从事业务、事业。职业是人类文明进步、经济发展及社会劳动分工的结果,是一个人社会地位的一般性表征。职业不等同于工作,职业是指参与社会分工,利用专门的知识和技能,为社会创造物质财富和精神财富,并获取合理报酬的工作。职业不仅仅是物质生活的来源,还包括精神追求和社会价值的实现。不同的职业对专门的知识和技能需求不同,例如,中小学教师需要完备的学科知识和较好的教学技能;翻译需要较强的语言应用能力、熟练的翻译技能和丰富的其他学科专业知识;工程师需要扎实的专业知识和熟练的工程系统操作、设计、管理、评估的能力。

2. 生涯

何谓生涯? 从词义学的角度来看,"生",即生命、生长;"涯",即边际,指人的生命有边际,与一个人的一生有关。《现代汉语词典》(第7版)中生涯的定义是:指从事某种活动或职业的生活。《庄子·内篇·养生主》中写道:"吾生也有涯,而知也无涯。"生涯是指人一生的发展历程,包含了人一生中所扮演的角色与承担的职位,表现出独特的自我发展形态。唐纳德·E.舒伯(Donald E. Super)认为生涯是生活里各种事态的演进方向和历程,它统合了人一生中的各种职业和角色,由此表现出个人独特的自我发展形态。舒伯将人的生涯发展分为成长期(出生~14岁)、探索期(15~24岁)、建立期(25~44岁)、维持期(45~65岁)、衰退期(65岁以后)5个阶段。中国的先贤孔子曾说:"吾十有五而志于学,三十而立,四十而不惑,五十而知天命,六十而耳顺,七十而从心所欲,不逾矩。"可见孔子早已体会到生涯是分阶段动态发展的过程。在这一点上,舒伯与孔子不谋而合。

3. 职业生涯

何谓职业生涯? 职业生涯是一个人一生的职业经历,是个人运用职业信息完成工作职责,适应工作变化,获得良好业绩,争取更好薪酬,提高职称职务的自我实现的职业经历。职业生涯是人一生中最重要的历程,从青年时期参加工作,到老年时期退出工作岗位,职业生涯约占人生的三分之二。一个人,不论职位高低,只要工作就有自己的职业生涯。

4. 职业生涯规划

职业生涯规划是指一个人运用系统方法,对其一生中所承担的职位、职务等历程的预期和计划。其目的是促进个人成长和职业生涯发展。个体职业生涯规划并不是一个独立的概念,它和个体所处的家庭及社会环境存在密切的关系。职业生涯规划的意义在于寻找适合自身发展的职业,实现个体与职业、社会发展需求的匹配,最终在社会中发挥个体最大的价值。大学生职业生涯规划是大学生在校期间进行系统的职业生涯规划的过程,它包括大学期间的学习规划、职业规划和生活规划。大学阶段是大学生职业的准备期,职业生涯规划的方向直接影响其大学期间的学习与生活,更影响到大学生的求职就业甚至未来职业生涯能否取得成就。

二、职业生涯规划的意义

职业生涯规划是大学生成功求职的重要法宝,有助于大学生明确人生方向,实现自我价值,提高社会竞争力。

1. 有助于明确人生方向

列夫·托尔斯泰(Leo Tolstoy)说过:人活着要有生活的目标:一辈子的目标,一段时间的目标,一个阶段的目标,一年的目标,一个月的目标,一个星期的目标,一天、一个小时、一分钟的目标。职业生涯规划有助于大学生明确人生方向,通过了解自己,了解环境,追求理想,树立志向,寻找生涯目标,并为了达到目标而集中优势资源克服困难,解决问题。职业生涯规划也是大学生实现个人价值和社会价值,并逐渐认识生命的价值与意义的过程。

2. 有助于实现自我价值

每个人都渴望成功,渴望实现自我价值。按照马斯洛(Maslow)的观点,个体的需求是一个由低级需求逐渐向高级需求推进的过程,而这些需求大都需要通过职业生涯活动来实现。接受过良好高等教育、自身素质较高的大学生,都希望自己职业生涯成功,对未来职业有很高的期望值,并愿意为成功付出努力。有效的职业生涯规划能为大学生职业成功提供保障,为大学生实现自我价值创造机会,促成大学生学会做一名合格的职业人和社会人,最终取得成功。

3. 有助于提高社会竞争力

大学生刚从中学步入大学,面对生活环境、学习方式、人际关系等变化,以及对未来的迷茫和大类专业分流的困惑等问题,会产生种种无所适从的感觉。职业生涯规划可以帮助大学生了解自我、了解专业、了解职业世界,树立职业和学业目标,继而努力学习专业知识,积极参加社会实践活动,不断增强自己的专业竞争力。而且,职业生涯规划还可以使大学生明白,现在做的每一件事都是实现未来目标的一部分。职业生涯规划可以为未来职业发展奠定基础,帮助大学生更好地迎接社会挑战,在瞬息变化的职业世界中具有更强的竞争能力,为自己的人生发展储备更多的资本,创造职业成功的机遇。

职业规划不是绝对的,也不是把自己限制在一个很小的职业范围内,而是让自己开阔视野,充分了解国家需求、职业发展变化和自我需求,在积极的行动中根据现实情况不断调整和修正自己的职业方向,最终实现职业理想。

一个人要想获得人生的成功,没有规划是不行的,今天站在哪里并不重要,但是下一步迈向哪里却至关重要。

通过职业生涯规划课程和职业生涯规划书撰写,我明确了自己的职业生涯方向,开始踏上属于我自己的未来之路。当然,仅仅有规划是远远不够的,日后为此的付出是最重要的,它决定我以后的位置。世界上唯一不变的东西就是变化本身,此后我要根据环境的变化,不断评估和反馈,坚持不懈,从而保证计划得以顺利实施。

——摘录自学生作业

在没上大学之前,我的梦想便是考上一所好大学,高三虽苦虽累,但每天都充满着希冀,感觉自己有一个值得努力的目标。如愿考上大学后,我突然觉得失去了目标,好像迷失了前进的方向,一直处在困惑之中。在大一下学期我选择了职业生涯规划选修课,才开始明白尽早规划才能去实现自己曾经的梦想。于是,我开始向那些优秀的学长们学习,开始规划自己的职业生涯。职业规划其实是我们对人生的规划,它将伴随我们一生。因此,职业生涯规划具有特别重要的意义。职业生涯规划可以发掘自我的潜能,增强个人的实力;职业生涯规划还可以增强发展的目的性与计划性,提升成功的机会;职业生涯规划更能提升应对竞争的能力。

——摘录自学生作业

三、职业生涯规划的影响因素

2010 年 1 月 22 日,习近平来到华中科技大学视察,参加了同学们正在举行的主题党日活动。习近平寄语同学们:"要有正确的择业观,千里之行,始于足下,要做那些可能做、可以做的事,要忌'急',不能急于求成。"大学生要脚踏实地、实事求是,不要眼高手低、好高骛远。要将自己的成长成才和国家需求、社会发展结合起来,选择到社会最需要,到党、祖国和人民最需要的地方去,要从小事做起,最后做成大事。个人的成长只有站在国家的大舞台上才走得更稳、更快、更远,只有置身于国家最急需的领域和地区才能发挥更大的作用。

职业生涯规划与发展是贯穿个体生命全程的、持续一生的动态过程,并不是一蹴而就的。影响职业生涯规划与发展的因素很多,从个体内部因素来看,兴趣、性格、能力、职业技能、价值体系等都会影响大学生的职业生涯发展;从外部因素来看,国际形势、国家战略、社会经济文化、行业发展变化、就业政策、用人单位的用人需求及标准、家庭因素等也会对个人的职业生涯发展产生影响。了解职业生涯发展的影响因素可以帮助大学生更好地开启职业生涯旅程,做好职业生涯规划。

1. 个体因素

个体因素主要是指从事某种职业时所具有的知识、能力、心理素质等。这些因素将会通过从事职业时的表现、绩效、言谈举止体现。影响职业生涯的个体因素主要有以下几点。

(1)兴趣。兴趣是指人力求认识、探究、掌握某种事物或进行某种活动的心理倾向。爱因斯坦曾说过:兴趣是最好的老师。兴趣对于学习、择业乃至事业发展都有着重要的作用。兴趣是一种无形的动力,当我们对某项工作缺乏兴趣但不得不做的时候,会觉得痛苦、难受;当我们对某件事情或某项工作感兴趣时,就会对该职业活动表现出肯定的态度,并积极思考、探索和追求,挖掘自身全部潜能,大大提高工作和学习效率。

(2)性格。性格是人们对现实和周围世界的稳固态度以及与之相应的行为方式,主要体现在对自己、对别人、对事物的态度和所采取的言行上。比如,有的人古道热肠,乐于助人,而有的人淡漠冷酷,事不关己高高挂起。性格是在先天素质的基础上通过家庭、教育、社会环境等的影响逐渐形成的,受一个人的人生观、价值观和世界观的影响。研究表明,性格影响着一个人对职业的适应性,不同的职业对从业者有不同的性格要求。

(3)能力。能力是一种心理特征,是顺利完成某种活动的心理条件,不仅包含了一个人现在已经达到的成就水平,而且包含一个人具有的潜力。能力是一个人能否胜任职业的重要条件,能力高的人,能出色地完成工作要求,获得较好的职业发展,而能力不足、不能胜任工作的人,需要努力学习,迅速成长,提高自己的能力。

(4)价值体系。价值体系是指个人在成长过程中形成的对客观现实的态度、信仰、理想等,是推动并指引一个人采取决定和行动的原则、标准。大学生对各种职业有着不同的主观评价,影响其对就业方向和具体职业的倾向与选择。例如,有的学生喜欢稳定的工作,倾向于考公务员或进入国企,而有的学生喜欢有挑战性的工作,倾向于去民企或者自主创业。

2. 外部因素

马克思指出:"人的本质不是单个人所固有的抽象物,在其现实性上,它是一切社会关系的总和。"大学生的成长和发展同外部环境紧密相关,因此家庭、组织、社会都会不同程度影响大学生的职业选择与生涯规划。

(1)家庭因素。家庭是一个人最初生活和成长的环境,对人的发展具有重要影响。家庭对大学生职业生涯的影响也是如此,父母对子女有不同的期望,每个家庭也有不同的情况和需要,家庭对大学生职业选择和职业发展等都会产生一定的影响。已有研究发现,父母的教养方式、职业、受教育水平,家庭期望,亲子关系,家庭社会经济地位等对大学生职业选择和生涯发展都会产生不同程度的影响。

(2)组织因素。组织对大学生职业生涯规划的影响主要有以下几个方面。第一,组织的发展战略。组织的发展战略往往意味着个人的发展机会,如果一个组织正处于上升期,该组织的职业发展方向是光明的、美好的,那么个人的发展也会比较顺利。大学生在做职业选择时,应及时了解不同组织的发展战略、发展前景,把个体的职业发展与组织的发展联系在一起。第二,组织文化。组织文化是一个组织在其发展中逐步形成的,是其使命、愿景、价值观和经营理念,以及这些理念在管理制度、生产经营活动、员工行为方式与组织形象的体现的总和。不同组织具有不同的组织文化,大学生在做职业选择和规划时,需要了解组织的文化,选择自己认同的组织文化,这样入职后才能如鱼得水,有助于后续的职业发展。第三,组织任职要求。不同组织对员工能力素质的要求略有不同,大学生在做职业选择时,要扬长避短,根据自己的特长选择不同组织。第四,组织成员薪酬和福利待遇。薪酬待遇与大学生的现实利益息息相关,通常高收入、高福利的企业,意味着高强度、高压力的工作状态,大学生在做职业选择时,要结合自己的职业兴趣、职业价值观和能力,千万不要为了追求眼前利益,而不顾自己的长远发展。

(3)社会因素。社会大环境对一个人的职业发展具有深远的影响,因此,了解当前社会现状、预期未来社会发展,同样是进行职业生涯规划的基础。社会因素主要包括以下三个方面。第一,政治因素。政治因素主要指国家大政方针、战略发展政策、相关法律法规等影响因素。大学生进行职业生涯规划时,一定要了解国家的战略发展和科技需求,积极投入到国家重点行业、重点企业中,如高新技术产业、先进制造业、新能源装备制造业等。同时,要了解各省(区、市)有关大学生就业的政策法规,如户籍制度、创业优惠政策等,并注意它们的发展趋势,适时调整和完善自己的职业规划方案。第二,经济因素。社会经济发展是制约就业数量和质量的决定性力量。当经济繁荣时,新的行业、职业不断出现,新的组织不断产生,为就业和晋升创造了条件,如互联网时代给各行各业带来了更多的挑战和机遇。当经济衰退时,经济活力下降,失业率增高,大学生就业会面临很多困难与挑战。另外,经济政策的调整在一定程度上也会影响大学生的职业发展。第三,文化因素。社会对各类职业所持的倾向性态度会通过传媒、习惯、舆论等各种渠道渗透到大学生职业评价过程中,成为其社会化认识的重要一面。职业的社会评价对大学生职业选择的影响是潜移默化的,它已经进入大学生的社会认知领域,尤其是当他们对某种职业缺乏深入了解与切身感受时,社会评价作用会格外突出。

综上,影响大学生职业生涯的因素是多方面的,各方面因素所起的作用也不同。因此,大学生在进行职业生涯规划时,不仅要全面考虑这些因素,还要重点考虑那些对自己影响较大的因素,将其同人生的总目标结合起来,同自我的全面发展结合起来,改变能改变的因素,接受不能改变的因素,这样才能促使自身发展与进步,取得最大成就。

第二节　如何进行职业生涯规划

一、职业生涯规划的基本原则

进行职业生涯规划能使一个人思考职业方向,并促进其职业成功。正确制定职业生涯规划应遵循以下原则。

1. 主观与客观相结合的原则

人与人之间存在差异，职业生涯规划也应具有个性化和独特性。大学生在进行职业生涯规划时，应根据国家需要，以及自己的兴趣、能力、特长来选择职业岗位，这样既能胜任工作，又能发挥个人的最大潜力，成为对社会发展有用的人才。大学生在做职业选择时，切忌人云亦云，盲目随从，要多看新闻，多看书，多向父母、老师、同学、朋友请教，主观与客观相结合，最后做出合理的规划。

2. 理想与现实相结合的原则

职业理想是指引人生前进的灯塔，能为坚持不懈的职业奋斗提供强大动力和支持。但理想和现实之间往往存在差异，大学生在做职业选择和规划时，应根据当前的国家战略发展需求、就业环境，以及个体的实际情况对所属行业、就业地域、单位属性、工资薪酬、职业匹配等做出综合考量，以求在适应现实社会发展变化和满足个体预期中找到更好的平衡点，做出切实可行的选择。

3. 稳定与变化相结合的原则

职业生涯规划既具有终身性又具有发展性，因此，大学生在做规划和职业选择时，既要遵循稳定原则，又要注重变化原则。稳定是要求大学生在进行职业生涯规划的过程中对自我、环境的认知科学谨慎，客观全面，方案制定要切实可靠。变化是因为社会发展和自身发展需要有一个对自我、对社会、对职业的重新认识、重新发现、重新定位的过程。因此，大学生应当注意职业需求变化对职业生涯的影响，并主动适应各种变化，完善和发展自己的职业生涯规划。

二、职业生涯规划的基本方法

进行职业生涯规划的方法很多，我们主要介绍两类方法，相信在这两类不同的方法中大家能找到适合自己的职业生涯规划方法。

1. 便捷的职业生涯规划法

伍德·沃斯(Wood Worth)曾整理出 7 种一般人常用的职业生涯规划法。第一种是自然发生法。例如,有些学生在高考填报志愿时,并未仔细考虑自己的爱好、志趣,只要找到分数对应的学校、专业就填报了。第二种是目前趋势法。跟随市场趋势,盲目地投入新兴的热门行业。第三种是最少努力法。选择最容易的专业或技术,以最少的付出祈求最好的结果。第四种是拜金主义法。选择待遇最好的行业。第五种是刻板印象法。以性别、年龄、社会地位等刻板印象来选择工作。第六种是橱窗游走法。对各种工作走马观花地了解一番,再选择最顺眼的工作。第七种是假手他人法。例如,听从师长的意见,即使在现代社会,许多人在思考自己的未来时,还是会不自觉地把它交给别人来决定。

便捷的职业生涯规划法示例

方法	部分学生回答
自然发生法	高考填报志愿时,我没有一个明确的目标和方向,盲目地看着网上的数据从高到低排序,还心安理得地安慰自己去哪都好,不管怎样,阴差阳错地来到这里,成为经管专业的一员,这或许也是最理想的结果
目前趋势法	其实我很想选心理学专业,受小时候看的一部电视剧里一个心理学专家用微表情看破人们谎言的影响。但是出于对就业的考虑,在父母建议下我放弃了心理学专业,选择了目前这个比较热门的专业
最少努力法	高考志愿完全是按照学校排名填报的,对自己的这个专业可以说一无所知。在大一专业分流时,更多的是从众心理跟随大流,选了这个王牌专业
拜金主义法	对呀,未来就是想进互联网大厂,想拿高薪呀
刻板印象法	我通过网络和学长的介绍,了解到咱们学校电气专业发展前景较好,好多人去了国家电网工作,于是便报考了这个志愿
橱窗游走法	我在网上看到不同职业从事者工作的视频,觉得律师工作最有意义,律师们也很帅气,所以一心想学法律专业
假手他人法	我妈是中学教师,她觉得女生最好的职业就是教师,有假期,社会地位也还不错,一门心思让我报考师范院校,所以我就来到这里了

以上 7 种方法通常被称为知识导向(Knowledge-Oriented)、匹配导向(Match-Oriented)和人群导向(People-Oriented)的职业生涯规划方法,它们是最便捷的职业生涯规划方法。这种便捷的职业生涯规划法,其优点是省时省力,不用花费太多的心思,在短时间内可实现;缺点是缺乏根据个人能力、特性的长远规划。

2. 系统化职业生涯规划法

系统化职业生涯规划法弥补了便捷的职业生涯规划法的缺陷,系统化职业生涯规划法可以帮助大学生认识自己的特质及价值所在,认识工作世界的现状与趋势,并帮助大学生找到可以实现理想职业的途径。

系统化职业生涯规划法包括 6 个步骤,如图 1 - 1 所示。第一步,觉知与承诺,大学生已知道职业生涯规划的重要性,并且愿意花时间来规划自己的职业生涯。第二步,认识自己,包括自己的兴趣、特长、性格、能力、情商、价值观等,根据自己喜欢什么、擅长什么、真正看重什么进行职业选择。第三步,认识工作世界,除了要清楚地了解我国的政治、经济、社会和文化环境,还要了解职业的分类和内容,各类职业所需的技能,各类职业所需的人格特质,各类职业的薪酬等。第四步,确立目标,在这个过程中,大学生需要考虑以下几个问题:就业、考研、自主创业和出国留学,自己想往哪个方向发展? 自己的就业力、学识、性格等有利于往哪个方向发展? 目前的职业环境为自己提供了哪些职业发展机会? 第五步,付诸行动,在确定了职业生涯目标后,大学生涯管理与行动便成了关键环节。例如,大学期间,自己在提升就业力方面,计划学习哪些知识,掌握哪些技能。第六步,评估反馈,评估实行的效果并反馈调整。

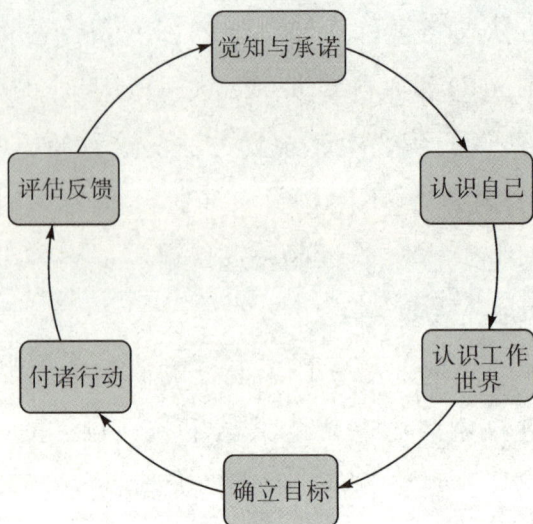

图 1-1　系统化职业生涯规划法示意图

三、职业生涯规划书的编制

职业生涯规划书的编制是进行职业生涯规划梳理的过程，是用文字的方式描绘规划思路。撰写职业生涯规划书，有助于大学生更好地进行职业规划和学业管理。应该如何撰写职业生涯规划书呢？

1. 职业生涯规划书的编制原则

职业生涯规划书的编制原则主要有以下几个。

（1）目标导向。目标的确定是职业生涯规划的关键，职业生涯规划书的撰写也应以目标为导向进行分析、归纳和总结。撰写的各个部分围绕目标的寻找、确立、评估、调整来进行，让目标成为规划书的潜在主线。

（2）具体明确。职业生涯规划书越具体越具有实践的价值与意义，在实施的过程中才有方向并方便分步骤进行。这往往与规划者对自我和职业探索的程度有关，探索得越充分，目标越容易具体化。一般来讲，生涯目标可解构为职业目标和学业目标，然后制定实现目标的具体行动。

（3）可行性。职业生涯规划的每一部分能否实现、如何实现是很重要的,因此职业生涯规划书要可行。只有在环境允许的情况下、在自己能力范围内可以做到的各项计划,才能真正提升自己,实现职业生涯规划的目标。

（4）时间坐标。职业生涯规划具有阶段性的特点,因此,设定目标和行动方案时需要注意时间坐标原则。每个阶段的目标需要有开始的时间和结束的时间,每个阶段需要有明确的目标和具体的行动计划。

2.职业生涯规划书的主要内容

职业生涯规划书包括个人基本信息和正文。个人基本信息包含姓名、性别、出生年月、学校、专业、联系方式等。正文包括引言、自我分析、职业分析、职业定位、发展规划、评估与调整等。

（1）引言。引言包括个人对职业生涯规划的认识、职业生涯规划对个人及社会的意义、确定个人的职业发展方向和总体目标。

（2）自我分析。职业规划是由内而外的过程,探索自我可以从我眼中的自己、他人眼中的我的分析出发,结合目标总结自己的相关特质,并对自己的职业兴趣、职业能力、性格特质、职业价值观等进行测评报告。

（3）职业分析。职业环境与个人的职业生涯发展密切相关,分析职业主要有4个维度:家庭环境分析(家庭经济状况、家人期待等);学校环境分析(学校特色、专业学习等);社会环境分析(就业形势、就业政策等);职业环境分析(行业现状与发展前景、目标岗位工作要求与发展前景等)。

（4）职业定位。职业定位包括职业生涯决策、职业生涯发展策略、职业生涯发展路径等内容。

（5）发展规划。制定职业生涯发展规划要将职业规划和学业规划结合起来,可依据以下内容进行撰写:长期的生涯目标,中期职业目标,短期的学业目标,以及如何达成这些目标,为了目标可能采取的行动。

(6)评估与调整。评估与调整主要包括评估内容(职业目标是否要重新选择、职业路径是否要调整方向、是否要改变行动策略、对意外情况的及时评估)、评估时间(定期,一年或者半年评估规划;当出现特殊情况时,需要随时评估并进行相应的调整)、调整原则、备选方案。调整并不是随意更换目标和发展方向,而是在实施过程中由于原有的优势和条件发生变化,需要对策略步骤和方法进行重新整合,以便行动更有效。

(7)结语。结语主要是职业生涯规划书编制过程的小结及感悟。

某大一新生的大学生职业生涯发展规划书

姓名:李××

学号:2×××××

学院:物理学院

班级:物理××班

联系方式:×××××××@qq.com

一、引言

我叫李××,喜欢看星空,喜欢独处。从小我就很好奇外面的世界是什么样的,我的梦想就是出去看看外面的世界。

小时候的我不满足每个玩具固定的玩法,总是学着电视中科学家的模样,拿着螺丝刀,将玩具拆了又装,装了又拆,在自己的书桌上研究自己的小玩意。小学时,我的数学老师像一个慈祥的老奶奶,对我很好且有耐心,我对数学的兴趣越来越深。我总是能用自己的想法理解老师课堂上讲的东西,在小学的数学竞赛中,我总能拿到学校的一等奖。中学时,我考入市区最好的初中,依然喜欢用自己的方式理解、感受知识。初三时,我在书店无意看到一本书——爱因斯坦的《相对论》,我被里面阐释的时空观深深吸引,原来这个世界可以这么神奇!虽然看不太懂,但那时候我的心中便埋下了一粒种子,我想成为一名物理学家。我找到了自己最感兴趣的东西:物理!后来,我参加了全国中学生物理竞赛,并获得了湖南省一等奖。我很幸运,在中学时期,我找到了自己感兴趣的东西,我希望自己可以走向更高的平台,活成自己心中的样子,让这颗种子长成参天大树。

二、自我分析

科学的职业发展规划首先需要充分了解自己,结合科学的职业测评系统,我对自己进行了以下分析。

1.我喜欢做什么——职业兴趣分析

我的霍兰德职业兴趣测试结果显示,我的兴趣类型为实用型和研究型,主要特点有以下几条。①喜欢动手。当把精力投入物质材料或者抽象理念的活动中时,可以达到一种忘我的境界。②务实。信奉"实践出真知"的信条,希望在明确、固定的环境中,通过亲身活动来获取经验。③酷爱钻研。好奇心旺盛,分析力强,不喜欢被约束,是积极的行动者。④人际关系不敏感。坚信行为永远比言辞更有说服力。

可能喜欢的职业有:工程师、建筑师、科技人员、实验研究人员等。

个人观点:我认为职业兴趣测试比较符合我个人的实际情况,一直以来,我都不太喜欢按部就班地学习,希望可以在自由宽松的环境中做自己喜欢的事情。

2.我能够做什么——职业能力分析

根据职业能力测试,我具有以下优势和劣势。

我的优势:①批判性思考。解决问题时,运用逻辑分析和推理,鉴别不同解决方案、结论或方法的优劣。②科学思维。利用科学的规则和方法解决问题。③操作与控制。善于操作与控制设备或系统。④积极学习。善于学习新知识,并能很快运用新知识。⑤数学思维。运用数学方法或者数学知识解决问题。

我的劣势:口头表达能力、管理能力、人际交往能力。

个人观点:从小到大,我都不太擅长和人打交道,比起和人的交流,我似乎更善于和物体打交道。我的批判思考能力较强,遇到事情喜欢问为什么。面对书本中自己觉得不正确的知识,我甚至会有想要推翻作者观点的念头。

3.我适合做什么——职业性格分析

根据职业性格测试,我的性格特点为:①聪慧。善于处理概念性的问题,对发现事物的可能性更感兴趣。②独立。有批判和怀疑精神,总是试图运用理论分析各种问题。③逻辑性强。擅长用复杂的方式思考问题,也喜欢向别人挑战。④包容。对很多不同的行为有包容力,但如果基本原则受到挑战,会坚持原则办事。⑤创造力强。喜欢进行有创意的思考,对找到创造性的解决办法更感兴趣。

适合的岗位特点:①工作中要有可以去挑战的复杂问题,提供冒险的机会。②这份工作可以不断提高自己的能力,与那些有才能的人一起工作。③工作中,不需要花时间组织或管理其他人,调节人际关系。④工作环境要灵活宽松,没有过多的限制、规则和烦琐的会议。⑤有独立工作的机会,有大量的不受打扰的时间。

三、职业分析

只有不断地了解自己和职业,才能做出最好的选择。我结合家庭、学校和行业的情况做出自己的职业分析。

家庭环境:我的父母有着稳定的收入,他们思想很开放,尊重我的想法和意见,一直支持我在物理上的学习和钻研。

学校环境:我就读于××"双一流"大学,学的是强基物理。学校的物理专业在全国排名靠前,科研和教学实力都很强。学校为学生提供了很多资源,探索"本—硕—博"衔接培养机制,优秀的大学生可以进入"优本计划"提前修读研究生课程体系。学校的资源为我的成长提供很多机遇。

社会环境:①强基计划。教育部 2020 年提出的招生改革工作,主要是为了选拔培养有志于服务国家重大战略需求且综合素质优秀或基础学科拔尖的学生。②我国科技工作者的特点。应用型是科技工作者职业的主体类型。其中,工程与技术科学是科技工作者职业中的主要学科。③我国当前的科研水平。基础科学研究层面的高质量论文,美中英德排在世界前四位,而我国的增长速度是最快的;代表科技应用层面的 PCT 国际专利,美日中德排在世界前四位,我国增长的速度也是最快的。

四、职业定位

通过个人探索和职业探索,我未来想成为一名物理领域的科研工作者,为国家基础物理发展作出贡献。以前我跟很多人一样,觉得科研工作是神圣的,也常为科研工作者的付出与回报不成正比而感到愤愤不平。现在我有了一点新的体会。科研工作是把自己的心血留存到人类信息库的最有效途径,一些职业的存在感随着职业生涯的结束而消失,而科研工作者,其思想的结晶以论文形式发表,便会被载入人类的信息库。多年以后,这些文章也有可能被人们重新发现并发掘其价值。科研工作者对一个国家、一个社会具有重大意义,也许这就是他们坚持下去的精神寄托。

五、发展规划

1. 短期计划(大学阶段,2021—2025 年)

总规划:大学阶段尽量完善自己的物理基础知识,具备较强的科研能力及文献阅读能力,做出一定的科研成果,保送研究生。

分目标:①至少参加两次国家级的学术竞赛,并且获得相对较好的成绩;②大二通过英语六级考试,并在大三提高英文文献阅读能力;③大二能够正式进入科研项目,不断提高科研能力;④课内成绩进入 10% ,不被淘汰出强基计划;⑤出国交流一次,开阔自己的视野。

2. 中期计划(硕博阶段,2025—2030 年)

总规划:硕博阶段能够在自己的研究领域如鱼得水,经济上实现完全独立,在重要的学术期刊上发表自己的文章,并找到自己的人生伴侣。

分目标:①选择一个适合自己未来发展的方向和导师;②广泛参加国家级的学术竞赛,并且获得相对较好的成绩;③在科研项目中取得相对不错的成绩;④积极出国交流,开阔自己的视野。

3. 长期计划(职业发展阶段,2031—2040 年)

总规划:当一名优秀的科研工作者,在科研领域作出自己的贡献。

分目标:①进入"双一流"大学或科研机构,成为一名科研工作者;②在科研领域有所建树,为国家科技发展贡献力量。

六、调整与评估

规划在实际的操作中会遇到不可预料的因素,从而导致无法完全按照原计划执行。所以需要进行评估调整,以应对有可能出现的风险及不可预料的因素。如果本科毕业后未能如愿深造修读硕士和博士,先选择职业开始工作,准备继续考研;如果博士毕业后未能如愿进入大学或科研机构,先选择企业的研发岗位,积累学术和实际经验,以后找机会进入大学或科研机构。

七、结语

很多人说,搞科研是一个卖力不讨好的工作,科研也是一个具有很大未知性的工作。我们很多时候都不知道何时才能出结果,何时才能有所成就。这条路上充满了未知的风险,但我想要往前探探,或许,只是为了小时候那个当科学家的梦想。

本章小结

(1)舒伯指出,生涯是生活中各种事件的演进方向和历程,它统合了人一生中各种职业生涯和生活角色,由此表现出个人独特的自我发展形态。除了职业之外,生涯还包括任何与工作有关的角色,如学生、退休者,甚至包含了家庭和公民的角色。

(2)康德曾说:没有目标而生活,恰如没有罗盘而航行。职业生涯规划对大学生求职和未来发展具有重要作用,职业生涯规划的意义在于帮助大学生找到人生的目标,奉献社会,开发潜能与自我实现。

(3)要对职业生涯进行科学合理的规划,需掌握一定的方法。职业生涯规划的基本方法包括便捷的职业生涯规划法、系统化职业生涯规划法。不同的方法各有优缺点,大学生可以综合多个方法进行职业生涯规划。

(4)撰写职业生涯规划书对大学生认真思考求职和未来发展具有重要作用,职业生涯规划书主要包括个人基本信息、目录和正文。其中,正文是重点,正文部分包括引言、探索自我、探索职业、职业定位、发展规划、评估与调整等。

复习思考题

1. 生涯、职业生涯、职业生涯规划有什么异同?

2. 影响职业生涯规划与发展的因素有哪些?

3. 你的生涯目标是什么? 生涯目标通过怎样的职业目标和学业目标实现?

4. 哪些人和事对你确立职业生涯目标产生了影响? 他们是怎样影响你的?

5. 你对自己的职业生涯规划是怎样思考的? 是否与职业生涯规划的基本原则一致?

案例分析

小博从小对计算机感兴趣,高考时报考的是某"双一流"大学的计算机专业,由于成绩略低,他被调剂到行政管理专业。开始的时候,他很迷茫,曾想过重新参加高考,后来跟父母、班主任、任课老师多次沟通后,他觉得重新高考风险比较大,行政管理专业就业前景也不错,但管理岗位主要是与人打交道,而他却有点"社恐",不太喜欢与人交往,更喜欢自己独处,钻研计算机语言和技术。经过深思熟虑后,他决定先完成行政管理本科专业后,再跨专业考研究生。于是,他制定了详细的职业规划和学业规划,在大学期间,他一边认真学习行政管理专业课程,并获得较高的平均学分绩点,一边自学计算机语言和技术,并和同学组队参加大学生创新创业大赛、美国建模大赛等,获得多项奖励,同时他积极准备托福和 GRE 考试。大学毕业的时候,他申请到美国圣路易斯华盛顿大学计算机专业硕士研究生入学资格。两年后,他获得了计算机硕士学位,并成功入职国内一家大型互联网公司。

案例讨论

1. 你觉得职业生涯可以规划吗? 应该如何规划?

2. 小博为什么能从行政管理专业申请到计算机专业硕士研究生入学资格? 这给你哪些启示?

活动锻炼

1. 参考职业生涯规划书撰写的原则与步骤,结合个人实际情况,并参照本章介绍的职业生涯规划书,撰写一份自己的生涯规划书。

2. 学会用系统化的职业生涯规划法进行生涯规划。

本章参考文献

[1]杨红英.大学生职业生涯规划[M].昆明:云南大学出版社,2015.

[2]汪永芝,赵英.职业生涯规划与实践[M].北京:清华大学出版社,2017.

[3]孙红刚,罗汝坤.职业生涯规划与就业创业指导[M].北京:高等教育出版社,2018.

[4]倪伟.大学生职业生涯规划与发展[M].西安:西安电子科技大学出版社,2018.

[5]陈姗姗.大学生职业生涯规划与就业创业指导[M].重庆:重庆大学出版社,2017.

[6]曲振国.大学生就业指导与职业生涯规划[M].北京:清华大学出版社,2018.

[7]吴芝仪.我的生涯手册[M].北京:经济日报出版社,2008.

[8]杜映梅.职业生涯规划[M].北京:对外经济贸易大学出版社,2004.

[9]习主席参加我们的"主题党日"活动:习近平与大学生朋友们(十三)[N].中国青年报,2020-06-15(4).

本章金句

第二章 你了解职业世界吗？

→| 情境导入

　　小陶是某高校机械工程专业的学生,在忙忙碌碌的学习生活中度过了两年,成绩优异。到了大三,看到即将毕业的学长学姐们忙着找工作,再加上从电视、网络了解到现在国内就业形势比较严峻,对毕业生的要求越来越高,他开始有了紧张感。但对于职业世界,他一无所知,居住在小城镇的父母给不了他太多的职业建议,就让他多问问老师和学长。他不知道自己的专业可以从事哪些职业? 从哪些途径可以寻找有效的职业信息? 数字化时代职业有哪些发展趋势、哪些新变化? 信息化社会如何分析整合职业信息? 希望这章内容能帮他答疑解惑。

内容摘要

　　职业是社会分工的结果,主要指个体为了寻求谋生和个人发展而从事的相对稳定、有经济收入,以及特定类别的社会劳动。对职业有清晰的了解和认知,有助于大学生做出自己未来的职业选择。

　　本章主要探讨职业的内涵、特征、分类以及发展趋势,明确大学专业与职业的关系,同时介绍大学生相关就业政策,从而让学生明确自己的职业发展方向。

◉ **教学目标**

思政目标

· 了解国家战略需求和未来职业发展变化，做好职业选择。

知识目标

· 了解职业的内涵、特征、分类、发展趋势。

· 了解职业信息搜索的内容。

技能目标

· 掌握职业信息获取的途径和方法。

第一节　什么是职业？

大学生要做好职业生涯规划，应该清楚什么是职业，职业具有哪些特征，未来的职业有哪些发展变化，国家重点行业发展战略，专业与职业之间的关系，了解这些情况，有助于职业选择与职业规划。

一、职业的概念

《现代汉语词典(第7版)》将职业解释为：个人在社会中所从事的作为主要生活来源的工作。"职业"一词代表着个体与社会进行互动的范畴，它是社会分工的结果，是人类社会生产和社会生活进步的主要标志。职业的具体含义是个体为了寻求谋生和个人发展而从事的相对稳定、有经济收入，以及特定类别的社会劳动，这种社会劳动一般要求劳动者需要具备特定的专业技能和道德品质。职业是对人们的生活方式、经济状况、文化水平、行为模式、思想情操的综合性反映，也代表着个体的权利义务和职责。

职业在社会生活中主要包括 3 个方面。①职业的职责。它是指每一种不同的职业都包含着一定的社会责任,同时也要承担一定的社会任务。②职业的权利。它是指从事任何一种职业的从业人员都具备某种特定的职业权利,而在此职业之外的人则不具备这种特定权利。③职业的利益。它是指从事任何一种职业的从业人员都能从职业工作中获得工资、奖金、荣誉等个人利益,从而使个体心理获得平衡。

二、职业的特征

职业作为社会劳动力的一种表现,它不但具有自身的特有属性,而且有非常重要的社会属性。整体而言,职业主要有以下特征。

1. 产业性

一个国家的产业,从大的方面可以分为三类:第一产业(农业)、第二产业(工业)和第三产业(服务业)。第一产业和第二产业是物质生产部门,传统农业社会中农业人口比重最大,工业社会中工业领域的职业种类和就业人口显著增加。第三产业虽然不生产物质财富,但却是社会物质生产和人民生活必不可少的组成部分。在经济高速发展的社会,第三产业的职业种类和就业人口数量显著增加。

2. 专业性

职业是个体从事的某项专门性的业务。它一般要求劳动者具备特定的专业技能和特有的道德品质。例如,农民耕种粮食要具有播种、施肥、收割等各方面的基本技能,同时要有针对不同季节、土壤、品种进行特殊耕作的能力;工人要学习安全知识,掌握机器的具体性能和安全操作规程,同时要具备应对机器突发状况的基本素质。随着社会的高速发展,劳动的专业化程度越来越高,职业的专业性越来越强。

3. 技术性

每一种不同的职业都有不同的技术含量或技术规范要求,这就需要从业者要进行专门的学习和训练,进而发挥个人的才能和专长。随着经济的快速发展,社会对职业的科学技术含量要求越来越高,从业者在从事某种具体的职业之前,要针对特定的职业进行专门的技术技能操作规范的学习,这也是高等职业技术教育兴起和发展的重要原因。

4. 差异性

社会分工的精细化催生了越来越多职业种类,使职业呈现出差异性的特点。各种职业在劳动条件、工作对象、工作性质、工作方式、工作时间、工作地点等方面都存在明显的差异,体现出社会分工和劳动者之间的差异性和多样性。随着社会的不断进步和发展,新的职业将会源源不断地出现,各种职业间的差异也会不断发生变化。

5. 时代性

职业的种类和数量随着时代的发展呈现出明显的变化,而职业的具体划分也具有明显的时代性,不同时代有不同的热门职业。例如,以前的"下海热"和"外企热",现在的"互联网大厂热"和"考公热"等,这些变化都反映出一定时期人们对某种职业的热衷程度。此外,在不同的时代背景下,同一种职业的活动内容和方式也会发生变化。例如以前到政务服务大厅办理业务都需要线下排号,同时不同的业务需要不同的部门审批盖章,现在通过"一站式"网上政务服务大厅,人们足不出户就可办理好自己需要的业务。

6. 稳定性

稳定性,即从事的劳动相对稳定,是非中断的。任何一种职业产生后都不会转瞬即逝,一般会存在相对长的一段时间。相对复杂的职业都需要具备一定能力素质、身体素质和道德素质的从业者,职业对从业人员的素质要求越高,该职业的稳定性也就越高。此外,相同或者相似的职业由于存在相近的劳动条件、工作对象、生产工具和操作内容,容易形成统一的行为模式,诸如行业协会、商会等组织,这种职业的稳定性也较强。

7. 规范性

职业的规范性主要包含两个方面的内容:一是职业内部的规范性操作要求,即不同的职业在其劳动过程中都具备一定的操作规范性,这是保证职业活动的专业性要求;二是职业道德的规范性,它是从业人员职业道德行为和职业道德关系的普遍规律的反映,也是从业人员在职业活动中应该普遍遵循的行为准则或标准,要符合一般的社会道德。同时职业道德的规范性还体现在每种职业都规定了违反规范的处罚措施。以上两个方面的规范性构成了职业规范的内涵与外延。

8. 经济性

职业的经济性也被称为职业的功利性,主要是指劳动者从事某项工作要从中取得经济收入。个体在从事职业活动的过程中既要满足自身的物质和精神需要,也要满足国家和社会的发展需要。大学生村官就是把自己的职业发展与国家需要相结合,在乡村振兴中发光发热。只有把职业的个人功利性与社会功利性相结合,职业活动及其职业生涯才更具有生命力和意义。

9. 职位性

职位是一定的职权和相应的责任的集合体。职权和责任的统一形成职位的功能,职权和责任是组成职位的两个基本要素。职权相同,并且责任一致,这就代表着同一职位。职业分类中的每一种职业都含有职位的特性,例如大学教师这一职业包含助教、讲师、副教授、教授等职位。

三、职业的分类

职业分类是指按一定的规则和标准将一般特征和本质特征相同或相似的社会职业进行的系统划分与归类。职业分类的基本指导原则主要包括5个方面。一是科学性。科学性主要指职业分类要遵循职业活动的内在规律,从而客观反映社会劳动分工的实际情况。二是适用性。职业分类要充分考虑各个产业行业部门的工作性质、技术特点、工作条件状况,适应国家现行的国民经济管理、经济信息统计等实际需要。三是先进性。职业分类要体现社会经济发展、科技进步和产业结构的变化,具有时代感和前瞻性。四是开放性。职业分类要根据国家经济结构、产业结构以及企业生产经营活动的变动,及时增补加入正在发展着的职业,删减旧的或者已经过时的职业。五是国际性。职业分类要借鉴国际职业分类的通行做法。

我国第一部对职业进行科学分类的权威性标准是《中华人民共和国职业分类大典》。1986年,我国首次颁布了《职业分类与代码》(GB/T 6565—1986),并启动了编制国家统一职业分类标准的宏大工程。1992年,在中央各部委的大力协助下,原劳动部组织编制了《中华人民共和国工种分类目录》,将当时我国近万个工种归并划分为46个大类、4700多个工种,初步建立起层次分明、结构合理的工种分类体系,为进一步做好职业分类工作奠定了坚实的基础。1995年,原劳动部、国家统计局和国家技术监督局联合中央各部委共同成立了国家职业分类大典和职业资格委员会,于1998年12月编制完成了《中华人民共和国职业分类大典》(以下简称《大典》),并于 1999 年 5 月正式颁布实施。《大典》把职业划分为大类、中类、小类和细类 4 个类别,8 个大类,66 个中类,413 个小类,1838 个细类(职业),见表 2 - 1。《大典》在广泛借鉴国际先进经验和深入分析我国社会职业构成的基础上,采用了以从业人员工作性质的同一性作为职业划分新原则的方法,并对各个职业的定义、工作内容、工作形式、工作范围等做出了具体描述,客观全面地反映了我国社会的职业构成,填补了我国长期以来在国家统一职业分类领域存在的空白。

表 2 - 1　《中华人民共和国职业分类大典(1999 年版)》分类表

大类		中类	小类	细类
序号	名称			(职业)
1	国家机关、党群组织、企业、事业单位负责人	5	16	25
2	专业技术人员	14	115	379
3	办事人员和有关人员	4	12	45
4	商业、服务业人员	8	43	147
5	农、林、牧、渔、水利业生产人员	6	30	121
6	生产、运输设备操作人员及有关人员	27	195	1119
7	军人	1	1	1
8	不便分类的其他从业人员	1	1	1
合计	8	66	413	1838

随着经济社会的不断发展,我国社会职业结构发生了很大变化。为了适应社会发展需要,2010 年底,人力资源和社会保障部、国家质量监督检验检疫总局、国家统计局牵头成立了国家职业分类大典修订工作委员会,启动对 1999 年 5 月颁布的《中华人民共和国职业分类大典》(以下简称 1999 年版《大典》)的修订工作。2015 年 7 月,国家职业分类大典修订工作委员会全体会议在京召开,会议审议通过并颁布了《中华人民共和国职业分类大典(2015 年版)》(以下简称 2015 年版《大典》)。具体分类见表2 - 2。

表 2-2 《中华人民共和国职业分类大典(2015 年版)》分类表

大类		中类	小类	细类(职业)
序号	名称			
1	党的机关、国家机关、群众团体和社会组织、企事业单位负责人	6	15	23
2	专业技术人员	11	120	451
3	办事人员和有关人员	3	9	25
4	社会生产服务和生活服务人员	15	93	278
5	农、林、牧、渔业生产及辅助人员	6	24	52
6	生产制造及有关人员	32	171	650
7	军人	1	1	1
8	不便分类的其他从业人员	1	1	1
合计	8	75	434	1481

从总体修订的内容来看,2015 年版《大典》主要从 4 个方面对 1999 年版《大典》进行了修改、调整和补充。一是对职业分类体系的修订。调整后的职业分类结构为 8 个大类、75 个中类、434 个小类、1481 个细类(职业)。与 1999 年版《大典》相比,维持 8 个大类不变,增加 9 个中类、21 个小类,减少 547 个职业。新增职业包括网络与信息安全管理员、快递员、文化经纪人等,取消职业包括收购员、平炉炼钢工等。二是对职业信息描述内容的修订,维持 142 个小类信息描述内容基本不变,修订 220 个、取消 125 个、新增 155 个小类信息描述内容,同时,维持 612 个职业信息描述内容基本不变,修订 522 个、取消 552 个、新增 347 个细类(职业)信息描述内容。三是对职业信息描述项目的调整。为更好反映我国企业人力资源管理实际,将 1999 年版《大典》"下列工种归入本职业"的表述调整为"本职业包含但不限于下列工种",修改原因为对检验、试验、修理、包装、营销等因其工作性质相似、数量众多、无法穷尽的工种未予列举。四是增加绿色职业标识。2015 年版《大典》将部分社会认知度较高、具有显著绿色特征的

职业标识为绿色职业,旨在注重人类生产生活与生态环境的可持续发展,促进绿色就业,贯彻绿色发展理念。绿色职业活动主要包括:监测、保护与治理、美化生态环境,回收与利用废弃物等领域的生产活动,以及与其相关的以科学研究、技术研发、设计规划等方式提供服务的社会活动。2015 年版《大典》共标示 127 个绿色职业,并以"绿色职业"的汉语拼音首字母"L"标识,如环境监测员、太阳能利用工、轮胎翻修工等职业。

职业分类修订工作是一项长期持续的任务。在全球新一轮科技革命和产业变革中,我国加快推进新型工业化、信息化、城镇化和农业现代化,许多领域的职业技术正在发生并将继续发生变化,社会职业结构也会随之而变。为更好地适应职业变迁形势需要,2021 年我国启动修订 2015 年版《大典》,此举有利于密切跟踪职业活动领域的新发展新变化,对职业分类进行及时调整和补充完善。同年,人社部向社会发布了 18 个新增的职业,新增的职业包括:集成电路工程技术人员、企业合规师、公司金融顾问、易货师、二手车经纪人、汽车救援员、调饮师、食品安全管理师、服务机器人应用技术员、电子数据取证分析师、职业培训师、密码技术应用员、建筑幕墙设计师、碳排放管理员、管廊运维员、酒体设计师、智能硬件装调员、工业视觉系统运维员。

第二节 未来职业有哪些发展变化?

随着科学技术发展和社会的不断进步,职业也在不断地发展变化。社会和经济的发展直接推动职业的发展,职业的发展也对社会和经济的发展发挥着重要作用。随着社会生产力的发展,我国逐渐由传统农业社会向农业社会、工业社会和信息社会多元特征共存发展,第一产业和第二产业的社会职业以消亡变动和重组为主,第三产业则正在迅速发展,如交通运输业、商业、金融保险业、信息咨询业、租赁广告业、卫生、体育、文化艺术等,尤其信息产业领域发展潜力很大。对于大学生来说,若要成功地选择职业,除了需要对职业分类有所了解,还有必要把握其发展的新趋势。

一、职业发展趋势

1. 数字化趋势

进入 21 世纪后,数字化对全球经济社会发展的影响愈加深刻,推动着全球产业分工深化和经济结构调整。近年来,我国数字经济蓬勃发展,新业态、新模式层出不穷,对推动经济转型升级、满足人民日益增长的美好生活需要发挥了重要作用。《中国互联网发展报告2021》显示,2020 年中国数字经济规模达到 39.2 万亿元,占国内生产总值比重达 38.6%,保持 9.7% 的高位增长速度,网上购物、扫码用车、在线教育、远程办公、云端存储……数字经济在不知不觉中改变着我们的生活,日渐成为百姓衣食住行不可缺少的一部分。麦可思公司发布的《2020 年中国大学生就业报告》(就业蓝皮书)显示,近年来,毕业生在信息传输、软件和信息技术服务业就业的比例持续升高,2019 届本科毕业生中任职于信息传输、软件和信息技术服务业的比例(8.9%)仅次于教育业(15.9%);从职业来看,毕业生从事互联网开发及应用(6%)、计算机与数据处理(5.7%)类职业的比例较高。

2. 专业化趋势

随着社会经济发展和人民精神文化生活需求的日益多样化,职业呈现多样化发展,目前存在的职业已经远远超过"三百六十行"。新的职业层出不穷,传统的职业消亡和迁移仍在继续。各种就业岗位需要更多受过良好教育、掌握最新技术的技术工人,单纯的体力劳动或机械操作职业将明显减少。发达国家中蓝领工人失业率高于从事管理工作的白领员工,而白领员工中从事如银行、广告等服务性工作的失业率又明显高于从事开发和研究工作的员工。未来白领、蓝领阶层的界限将越来越模糊,职业逐渐朝向专业化方向发展迈进。

3. 高科技产业化趋势

高科技产业是一种人才密集、知识密集、技术密集、资金密集、风险密集、信息密集、产业密集的产业,它具有较大的竞争性和渗透性,对人类社会的发展进步具有重大影响。例如在新经济时代,高科技的生物工程作为一种新生力量,直接引起农业、医药卫生、食品工业和化学工业革命,推动新经济的进步;高科技的新能源将使资源短缺得到很大缓解,它将带来人类社会的可持续发展。高科技是无国界的,人类的共同命运问题需要全球高科技产业联合应对,高科技产业化在 21 世纪的职业发展趋势中将占据重要地位。

4. 自由职业化趋势

自由职业是目前社会中比较受追捧的一种自雇工作形式。《韦氏大词典》中对自由职业者做出的解释是:独立工作,不隶属于任何组织的人;不向任何雇主做长期承诺而从事某种职业的人。自由职业者自己制订工作计划,灵活安排时间。自由职业者包括从事写作、编辑和出版类工作的"技术撰稿人",从事生活管理类工作的"家庭护理员、理疗师",从事咨询服务类工作的"广告与营销策划、形象设计、商业礼仪指导",从事市场开发和推销类工作的"T 恤衫、餐具刀叉销售"等。在这样一个日新月异的高科技信息时代,固定职业的模式不能保证最为有效地完成各种任务。自由职业者在从事第一职业的同时,可能还兼职做第二、第三份工作。全球化、信息化、高科技化、文化创意化、自由职业化互为依托,将共同繁荣新时代职业的发展。

二、未来职业变化

伴随新一代信息技术蓬勃发展,工业互联网、大数据、人工智能等数字技术深度渗透到实体经济中,为产业数字化转型创造了必要条件。机器人技术、人工智能（AI）与机器学习的发展开启了自动化的新纪元，机器在越来越多的工作中的表现已经与人类旗鼓相当，甚至超越了人类。人工智能的蓬勃发展，一方面会造成技术性失业，一方面会带来新的就业机会，创造新的财富和服务。

1. 未来可能被机器替代的职业

2013 年 9 月，牛津大学的卡尔·贝内迪克·弗瑞（Carl Benedikt Frey）和迈克尔·A. 奥斯本（Michael A. Osborne）发表了《就业的未来》研究报告，针对 702 种职业，计算了它们在一二十年后通过计算机自动化的可能，文章预测"需要认知及操作性技能"的行业将所剩无几，其中被机器替代率最高的几种职业为：超市收银员、餐厅厨师、接待人员、律师助理、宾馆前台、餐厅服务员、会计/审计人员、销售人员、保险代理人、导游、出租车司机、巴士司机等，见表 2 - 3。

表 2 - 3　消失概率较高职业一览表

序　号	职　业	消失率(%)
1	超市收银员	97
2	餐厅厨师	96
3	接待人员	96
4	律师助理	94
5	宾馆前台	94
6	餐厅服务员	94
7	会计/审计人员	94
8	销售人员	92
9	保险代理人	92
10	导游	91
11	出租车司机	89
12	巴士司机	89
13	房地产销售代理人员	86
14	保安	84
15	船员	83

续表

序　号	职　业	消失率(%)
16	理发师	80
17	洗碗工	77
18	调酒师	77

2017 年,麦肯锡全球研究院发布的《人机共存的新纪元:自动化、就业和生产力》对全球 800 多种职业所涵盖的 2000 多项工作内容进行分析后发现,全球 50% 的工作内容可以通过改进现有技术实现自动化;虽然实现全自动化的职业不足 5% ,但高达 60% 的职业有三成以上的工作内容可实现自动化,其中某些类别的工作(如处理或收集数据,以及在可预测性环境下进行的体力劳动或操作机器)自动化潜力很高。同年,约翰·普利亚诺(John Pugliano)在《机器人来了:人工智能时代的人类生存法则》一书中提到,由于具备自动学习和深度学习的能力,人工智能未来不仅会对劳动阶层的蓝领工人产生巨大的负面影响,而且对白领阶层也会产生巨大冲击。智联招聘发布的《2021 人力资本管理趋势报告》显示,重复性强的劳动力被 AI 等技术取代的风险更高。常规性、重复性体力工作者的工作内容被 AI 等技术代替的比例最高,达到 19.8% ,其次是常规性、重复性脑力工作,达到 16.3% ,而对个人思维与创造能力应用更多的工作将借助 AI 实现更大价值。

2. 难以被机器替代的职业

2018 年,日本驹泽大学经济学副教授井上智洋在《就业大崩溃》中提出人工智能时代即将来临,但在 3 个领域人工智能无法与人类媲美,这 3 个领域为:

(1)创造类(Creativity):为追求趣味,发掘人类爱好而创作的创意工作者,如作家、艺术家、音乐家、导演、作家、摄影、新产品企划者等。

(2)经营管理类(Management):需要强大的思维逻辑和模糊情景

判断能力的管理者,如企业家、企业管理者、投资人、项目经理等。

(3)服务类(Hospitality):通过深度的人与人互动的服务者,如护理人员、保育员、辅导师、高端服务员、心理咨询师等。

这三个领域的职业都需要"与其他人拥有感觉上的共性",因而,难以被机器替代。

麦肯锡全球研究院研究报告也认为与利益相关方沟通、运用专业知识进行决策、规划、创造性工作,以及人员管理和培训等工作自动化潜力较低。

3.数字经济时代的职业机会

近年来,我国数字经济蓬勃发展,新业态、新模式层出不穷,对推动经济转型升级、满足人民日益增长的美好生活需要发挥了重要作用。《"十四五"数字经济发展规划》提出,到2025年,数字经济核心产业增加值占GDP比重达到10%。国家未来发展会聚焦高端芯片、操作系统、人工智能关键算法、传感器等关键领域,培育壮大人工智能、大数据、区块链、云计算、网络安全等新兴数字产业,提升通信设备、核心电子元器件、关键软件等产业水平。推动数据赋能全产业链协同转型,促进公共服务和社会运行方式创新,推动政府治理流程再造和模式优化,不断提高决策科学性和服务效率。

数字经济持续高速增长,正成为中国经济高质量发展的新引擎。作为引领未来的新经济形态,数字经济正前所未有地重构着经济发展新图景。国家把支持线上线下融合的新业态新模式作为经济转型和促进改革创新的重要突破口,推动"互联网+"和大数据、平台经济等迈向新阶段。新业态与传统产业最大的不同是更先进、更高效、更便捷、更注重共享和个体体验。2020年7月15日,国家发展改革委、中央网信办、国家卫生健康委、国家医疗保障局等13部门联合发布《关于支持新业态新模式健康发展激活消费市场带动扩大就业的意见》,提出通过19项创新支持政策,加快数字经济15种新业态新模式健康发展。15 种数字经济新业态新模式重点方向包括:大力发展融合化在线教育;积极发展互联网医疗;支持发展便捷化远程办公;不断提升数字化治理水平;培育发展产业互联网平台生态;加快传统企业数字化转型;打造跨越物理边界的"虚拟"产业园和产业集群;发展基于新技术的"无人经济";积极培育新个体,支持自我就业;大力发展微经济,鼓励"副业创新";强化灵活就业劳动权益保障,探索多点执业;拓展共享生活新空间;打造共享生产新动力;探索生产资料共享新模式;激发数据共享开放新活力。新业态催生新职业,新职业带动新就业。与传统职业相比,有些新职业是传统职业的升级,如网约配送员、电商主播、在线咨询师、互联网营销师等;有些则是全新的职业岗位,如区块链工程技术人员、数字化管理师、无人机驾驶员、电子竞技员等。新职业的出现,不仅丰富着就业岗位的种类,而且推动着整个社会就业结构的变化。

世界瞬息万变,职场风起云涌。数字经济时代,云计算、大数据、物联网、工业互联网、区块链、人工智能、虚拟现实与增强现实等数字经济重点产业,智能交通、智慧能源、智能制造、智慧农业与水利、智慧教育、智慧医疗、智慧文旅、智慧社区、智慧家居、智慧政府等数字化应用场景都需要大量高素质、创新能力强的人才。当代大学生应该充分了解国家战略需求,掌握社会经济发展现状,关注职业世界的变化,进行自己的职业规划和职业选择。

第三节　职业信息搜索

掌握充分的职业信息在大学生求职择业过程中起着十分重要的作用,它是大学生求职择业的基础,是通向用人单位的桥梁,是择业决策的重要依据,更是顺利就业的可靠保障。

一、职业信息的内容

职业信息就是和职业相关的一切信息的集合,包括行业情况、岗位信息、就业政策与法规、就业形势与就业市场供需情况、就业程序、专业发展前景等。

(1)就业政策与法规。大学生需要了解国家和地方有关大学毕业生的法律法规和政策制度。如权利保障的法律法规,《中华人民共和国劳动法》《中华人民共和国劳动合同法》《中华人民共和国公务员法》等;就业政策方面的基层就业政策、就业援助政策、创业扶持政策等。大学生作为社会主义建设的人才资源,国家从政策层面给予了众多的援助和扶持。

(2)就业程序。大学生需要了解学校关于毕业生就业方面的规定,如签订就业协议所履行的手续、户口迁移手续、档案转接手续和改派手续等。

(3)专业发展前景。大学生可通过以下两个方面了解专业发展前景:一方面,了解本学校、本专业毕业生在社会上的需求状况和毕业生人数,根据供需关系及时调整就业预期值;另一方面,收集考研和出国的相关信息(如报考院校、专业、导师情况、报考人数、往年录取分数等)。

(4)岗位信息。岗位信息是大学生搜集信息的重要内容,主要包括哪些单位有招聘计划,所需毕业生的专业、需求数量,工作岗位内容,岗位对人才的要求(岗位资格证书,所需要的技能等),还有薪资条件、发展前景等。大学生还需要了解用人单位,如单位名称、性质、生产经营状况、盈利情况、所处地区、行业前景、管理机制、招聘趋势、专家评价等,也尽可能多地了解用人单位的文化背景、个人发展前景、工作条件、福利待遇、人才培养状况等。

大学生就业政策

1. 大学生村官

大学生村官工作是党的十七大以来党中央做出的一项重大战略决策,主要目的是培养一大批社会主义新农村建设骨干人才、党政干部队伍后备人才、各行各业优秀人才,履行宣传落实政策、促进经济发展、联系服务群众、推广科技文化、参与村务管理、加强基层组织等职责。大学生村官岗位性质为"村级组织特设岗位",系非公务员身份,其工作、生活补助和享受保障待遇应缴纳的相关费用由中央和地方财政共同承担。大学生村官的工作管理及考核比照公务员有关规定进行,由县(市、区)党委组织部牵头负责、乡镇党委直接管理、村党组织协助实施;人事档案由县(市、区)党委组织部管理或县(市、区)人力资源和社会保障部门所属人才服务机构免费代理,党团关系转至所在村。选聘的高校毕业生在村工作期限为2~3年,确定选聘对象后,县(市、区)委组织部与高校毕业生签订聘任合同。

2. "三支一扶"计划

"三支一扶"是指大学生在毕业后到农村基层从事支农、支教、支医和扶贫工作。计划的政策依据是国家人事部2006年颁布的第16号文件《关于组织开展高校毕业生到农村基层从事支教、支农、支医和扶贫工作的通知》,旨在为高校毕业生向基层单位落实就业问题提供具体的指导和保障,工作期间给予一定的生活补贴。工作期满后,自主择业,择业期间享受一定的政策优惠。目前部分地区服务期满考核合格可占编就业,在原岗位落实事业编,按事业单位公开招聘人员对待。

3. 特岗教师计划

特岗教师是中央实施的一项对中西部地区农村义务教育的特殊政策。公开招聘高校毕业生到中西部地区"两基"攻坚县、县以下农村学校任教,引导和鼓励高校毕业生从事农村义务教育工作,创新农村学校教师的补充机制,逐步解决农村学校师资总量不足和结构不合理等问题,提高农村教师队伍的整体素质,促进城乡教育均衡发展。特岗教师计划实施范围为:集中连片特殊困难地区和中西部国家扶贫开发工作重点县,省级扶贫开发工作重点县,西部地区原"两基"攻坚县,纳入国家西部开发计划的部分中部省份的少数民族自治州以及西部地区一些有特殊困难的边境县,少数民族自治县和少小民族县。

4. 大学生志愿服务西部计划

大学生志愿服务西部计划,是团中央、教育部根据国务院常务会议、《国务院办公厅关于做好2003年普通高等学校毕业生就业工作通知》和2003年全国高校毕业生就业工作电视电话会议精神的要求而实施的,财政部、人社部给予相关政策、资金支持。该项计划从 2003 年开始实施,按照公开招募、自愿报名、组织选拔、集中派遣的方式,每年招募一定数量的普通高等学校应届毕业生或在读研究生,到西部基层开展为期 1～3 年的教育、卫生、农技、扶贫等志愿服务。

5. 应征入伍

应征入伍是指从 2010 年开始部队每年从应届高校毕业生中征收义务兵。由政府补偿相应学费,代偿国家助学贷款;个人服义务兵役期间,在选取士官、考军校、安排到军队技术岗位等方面有优先的权利;具有普通高等学校本科以上学历、取得相应学位的,表现优秀、符合原总政治部有关规定的可以直接选拔为军官;服义务兵役退役后,在自己参加政法院校为基层公检法定向岗位招生考试时,优先录取;具有高职(高专)学历的,退役后免试入读成人本科;或经过一定考核,入读普通本科;退役后报考硕士研究生初试总分加10 分;荣立二等功及以上的,退役后免试推荐入读硕士研究生。

6. 自主创业

大学生创业是一种以在校大学生和毕业大学生的特殊群体为创业主体的创业过程。随着我国经济转型进程的不断加快以及社会就业压力的不断加剧,创业逐渐成为在校大学生和毕业大学生的一种职业选择。各地政府对大学生创业在贷款、税收等方面都有一些优惠政策。

二、职业信息的获取途径

大学生获取职业信息的途径比较多,如本校发布的招聘信息,校外各类招聘网站信息,用人单位网站信息,同学、学长介绍,老师推荐,家庭和其他社会关系介绍,校外招聘会,就业实习见习等。

1. 资料查阅

资料查阅指将个人希望了解的职业方向,通过书籍、网络等途径进行初步查阅,选定各种典型职业,进一步对其所需的基本条件,如学历、资格证书等进行分析。大学生通过资料查阅对相关职业所需的知识、技能及个性特征有一个初步的认识,对该职业的生存环境及发展前途、个人的未来发展方向形成初步印象。查阅途径主要有:人力资源和社会保障部官网、学校就创中心官网、智联招聘等网站。资料查阅的优点是方便、快捷、信息量大、成本低；缺点是间接获取的信息，可能与现实感受差距较大。

2. 参观

参观即到相关职业场所进行短时间的观察、调研。通过参观，大学生可以了解相应各种职业的性质、内容、职业环境及组织氛围。参观的优点是能得到切身的感受，缺点是无法对职业进行实质性深入了解，易被短时间营造的氛围所迷惑。

3. 访谈

访谈是指通过和相关工作人员交流，了解相关职业的知识、技能、需求、待遇和发展前景，与有相关工作经历的人员交流，获悉他们对该工作的直观感受。访谈的好处在于结果比较客观。但不足之处是由于访谈对象的不同，结果可能差异较大，有的人对所从事职业比较积极，赞誉较多，有的人则对职业比较消极，可能评价较低。这就要求大学生用自己的认知和判断去获取对自己有意义、有价值的信息。

4. 讨论

讨论意味着与别人分享对职业的探索结果。"理越辩越明"，个人的探索总是有局限性的，与别人一起讨论感兴趣的职业问题，共享职业探索成果，会互相打消一些不现实或前景黯淡的想法，共同发现更多的前进道路。讨论需注意应该把正在探索、有些迷茫、值得探讨的问题与别人共同讨论分享。

5. 实习

实习是最好的职业探索方式，其中岗位实习又是最有效的方法。它的特点就是直接、具体、感悟深刻，可以对职业的工作任务、工作要求、工作环境及个人的适应情况进行真实的了解、判断，可以了解工作的程序、报酬、管理及升迁发展的各种信息，还可以通过与工作人员的实地接触，感受职业对人的影响及人职匹配的情况。大学阶段的实习有助于学生深入了解相关职业的信息，也有可能增加其就业机会。实习的具体步骤是:选择一种职业的具体岗位,投入该岗位的实习,了解该岗位的实际工作情况,通过自身的参与对职业进行全方位的了解。实习既要看到职业光明的一面,又要看到艰辛的一面,并对照自己的性格和兴趣做出全面的分析。

三、职业信息的加工处理

面对大量职业信息,要善于加工和处理,使之形成有价值的信息。

1. 步骤

职业信息的加工处理一般有以下步骤:

(1)收集:通过多种方法获取职业信息;

(2)筛选:一般而言,有价值的就业信息包括工作单位名称、单位性质、单位发展趋势、行业地位、对从业者的要求、工作地点、工作时间、福利待遇等;

(3)分类:将具体信息根据招聘岗位的不同进行分类,通过各种渠道和办法打听、澄清,以确定信息的可靠程度,务必要求透彻清晰,要全面了解信息的中心内容;

(4)提炼:将分类信息列出后,结合自己的实际情况,加以筛选和过滤,有针对性地选用,或者按照重要顺序进行排列。

2. 方法

PLACE 职业分析法,是一种收集与评估职业信息的职业评估方法。PLACE 是职位(Place)、工作地位(Location)、晋升(Advancement)、就业条件(Condition of Employment)、就业要求(Entry Requirement)几个要素首字母的组全。通过此方法,求职者可以进一步深入分析目标职业,这个方法要求求职者考虑五个要素、六个步骤。

1)五个要素

(1)职位(Place):包括职位的经常性任务、所需担负的责任、工作层次等。

（2）工作地位（Location）：包括地理位置、环境状况、室内或户外、都市或乡村、工作地点的变化、安全性等。

（3）晋升（Advancement）：包括工作的升迁路径、升迁速度、工作稳定性、工作保障等。

（4）就业条件（Condition of Employment）：包括薪水、福利、进修机会、工作时间、着装规范、休假情况等。

（5）就业要求（Entry Requirement）：包括所需的教育程度、专业认证、培训、经验、能力、人格特质、品德修养等。

2）六个步骤

（1）将正在考虑的职业填写在"职业目标"后面。

（2）按 PLACE 对该职业进行客观描述。

（3）用文字表达自己对该职业五个要素的评价。

（4）以 0～5 进行评分，从"完全没有吸引力"到"有绝对的吸引力"，表示各要素满足个人需要的程度。

（5）算出该职业方案的总分，即可知该职业对你的总的吸引力。

（6）把候选职业得到的分数相比较，就可以看出哪个职业的吸引力更大。

职业评价工作单

职业目标：

职业特点（客观描述）	评价（主观看法）	评分（完全没有吸引力 – 有绝对的吸引力）					
职位（P）：		0	1	2	3	4	5
工作地位（L）：		0	1	2	3	4	5
晋升（A）：		0	1	2	3	4	5
就业条件（C）：		0	1	2	3	4	5
就业要求（E）：		0	1	2	3	4	5

本章小结

（1）职业是个体为了寻求谋生和个人发展而从事的相对稳定、有经济收入，以及特定类别的社会劳动。

（2）职业具有产业性、专业性、技术性、差异性、时代性、稳定性、规范性、功利性、职位性。

（3）职业发展面临信息化、专业化、高科技产业化、自由职业化趋势。

（4）职业信息包括政策法规、就业程序、专业发展前景、岗位信息、大学生创业情况等内容，职业信息的搜集要结合线上、线下多种形式进行，尽可能全面而准确地搜集与职业相关的信息。

复习思考题

1. 你能列出哪些体现时代性的具体职业？

2. 第四批新职业的诞生体现出职业发展的哪些趋势？

3. 在搜集职业信息时，你会重点关注哪些内容？你将通过哪些渠道搜集职业信息？

4. 如何更好地把个人职业发展规划与国家和社会发展需要相结合？

案例分析

小军，是电气专业大四学生，一心想进国家重点行业重点单位工作。为此，他大学期间从各种渠道了解相关就业信息。大二，他参加了学校的大学生就业协会，专门为来学校招聘的就业单位提供志愿者服务，在志愿者服务中，他了解了一些企业的招聘要求。大三，他组织签约的学长学姐们分享就业成功经验，学习到很多求职技巧。大三暑假，他申请去某企业实习，体验国企的工作环境、工作流程和工作内容,进一步确认自己的职业目标。大四秋招开始,他每天关注学校就创中心发布的就业信息和招聘会信息,同时去各大网站了解相关招聘信息。他总结发现大学生求职网站主要分为4大类:综合招聘类、互联网招聘类、应届大学生常用招聘类、国家公共招聘类。

1. 综合招聘类:包括智联招聘、前程无忧、猎聘网、中华英才网等;

2. 互联网招聘类:包括拉勾网(目前国内最大的专注于互联网行业的求职网站)、BOSS直聘(发展比较迅速,专注于互联网行业职位,亮点在于可以与高管或者HR直接沟通或被查看简历,匹配度精准)等;

3. 应届大学生常用招聘类:包括各高校就创中心网站,实习僧(专注于大学生实习工作求职的网站)、刺猬实习、大街网、应届生求职网等;

4. 国家公共招聘类:中国公共招聘网、教育部大学生就业网、中国国家人才服务网、人力资源市场网、中国就业网、中国人事考试网等。

通过多个网站搜索,他掌握了几个目标企业的招聘信息,并对相关信息进行了比对和分析,围绕不同岗位要求撰写简历。他同时提醒宿舍其他几位同学,如果招聘单位是不太知名的小企业,务必利用天眼查、企查查、职友集等网站了解企业信息,保证用人单位的真实性。小军后来过关斩将,顺利应聘到一所国资委直属的大型央企。他反思自己的经历,认为了解职业世界,充分掌握就业信息,是他成功的重要经验。

案例讨论

1. 小军为什么能顺利应聘到目标企业?

2. 小军通过哪些渠道收集求职信息?给你哪些启示?

活动锻炼

1. 通过职业生涯人物访谈,收集自己感兴趣的职业信息。

2. 通过阅读学校《毕业生就业质量报告》,分析所学专业毕业生就业去向。

本章参考文献

[1] 罗二平,艾军,董明利,等. 大学生就业指导[M]. 北京:高等教育出版社,2014.

[2] 陈浩明,孙晓虹,吕京宝. 大学生职业生涯规划[M]. 上海:复旦大学出版社,2012.

[3] 李秀英,隋灵灵. 大学生职业发展与就业指导[M]. 北京:北京理工大学出版社,2010.

[4] 宁佳英,陈秀敏,曾燕. 大学生职业生涯规划[M]. 广州:华南理工大学出版社,2013.

[5] 井上智洋. 就业大崩溃:后人工智能时代的职场经济学[M]. 北京:机械工业出版社,2018.

本章知识链接

第三章　你适合什么职业?

→ 情境导入

　　小王,大二,生物工程专业。他性格外向,积极好学,从小学开始一直做班长,组织管理能力很强。他喜欢演讲,也善于演讲,拿了很多相关的奖项。他学习成绩不错,对生物工程专业课学习也比较有兴趣。他听学长们说生物工程专业本科生不太好就业,最好读研究生,将来可以在企业搞研发,但是他不想考研,他觉得自己不适合做研究,也不想从事相关研发工作。他想本科毕业后就去工作,但是,他听说本科生只能去药厂做质检,或者去医药公司做销售,他觉得这些好像也不是他理想的职业。但是,理想的职业是什么? 自己适合什么职业? 如果找不到理想职业该怎么办? 他很迷茫,希望本章内容能帮他答疑解惑。

内容摘要

　　每个人都是独一无二的个体,也都有一个独一无二的自我概念。随着年龄的增加,大学生应该逐步增加对自我的认知。科学全面地了解自我是职业生涯规划的前提和重要组成部分。本章主要介绍自我认知的途径与方法,让学生了解自己的职业兴趣、职业性格、职业能力、职业价值观,从而为即将开启的职业生涯发展之路奠定坚实的基础。

◉ **教学目标**

思政目标

·根据社会主义核心价值观,协调个人价值观与职业的关系。

知识目标

·明晰自我认知的内容、意义、特性。

·了解兴趣、性格、价值观、能力与职业的关系。

技能目标

·掌握自我认知的方法和手段。

第一节　自我认知的内涵

一份科学的职业生涯规划要做到"知己知彼",而做好自我认知是"知己"的关键一步,是整个职业生涯规划的基石。清晰的自我认知有利于大学生更好地整合已有的资源,为即将开启的职业生涯发展之路奠定坚实的基础,更好地把握人生。

一、自我认知的内容

自我认知是指对自己整体的认知,包括对自己身体状态的认知(如健康、长相等)、对自己心理状况的认知(如性格、爱好、情感、意向等)、对自己社会关系的认知(如阶层、是否被人接受)等。自我认知可以帮助人们认识心理动力、性格特征、价值观等。将自我认知有机融入未来的职业选择,可引导大学生走入职业生涯发展的快速通道。全面的自我认知是进行职业规划的基础。

中国古代哲学家老子说:"知人者智,自知者明。"即能了解别人的人聪明,能认识自己的人是智慧。古希腊阿波罗神庙的柱子上刻了一句震撼人类灵魂的名言："人啊，认识你自己。"自古希腊哲学提出"认识自己"的命题，自我问题便在哲学发展中持续受到关注，对自我的追问是对人的本质和自身生存意义的探究与挖掘。文艺复兴时期的法国思想家蒙田（Montaigne）说："世界上最重要的事情就是认识自我。"现代德国哲学家卡西尔（Cassirer）认为认识自我乃是哲学探索的最高目标。马克思则将"自我"置于特定的历史背景下、具体的社会物质生产条件和一定的社会关系之中来构思现实的个体自我及其发展历程。

对于即将步入社会的年轻人来说，正确认识自我是走好人生的重要一步。大学生在进行职业生涯规划时，首先要正确地认识自我，也就是先要搞清楚"我是谁"。自我认知是毕业生择业意识从"我想干什么"的幻想型转变到"我能干什么"的现实型的过程，也是实现择业者知行统一的过程。不同的人有不同的职业适应范围，不同的职业对人有不同的要求，两方面的最佳结合就是择业者的个人特征与职业对人的要求相匹配。只有通过对自己的剖析和了解，大学生才能全面、正确地认识和评价自我。

二、自我认知的特性

1. 全面性

自我认知是建立在自我观察与自我分析基础上的自我身心素质的全面认识。一般情况下，对大学生职业生涯决策和规划具有较大影响的自我认知主要包含4个维度：职业性格、职业兴趣、职业能力和职业价值观。这4个维度比较全面、综合地涵盖了个人的职业特征。清晰的自我认知有助于大学生选择与自己兴趣取向、人格特质、价值观念相匹配的职业和目标。例如在选择职业时，大学生应该明确自己为什么选择这份职业，自己最大的乐趣来源于哪里，这份职业是否符合自身的性格，自己能否胜任这份职业，自己想从这份职业中得到什么,面临职业选择时优先考虑哪种价值等,这些都涉及大学生对自身全面的认知和了解。

2. 客观性

自我认知是自我意识发展的主要成分和主要标志,是在认识自己的行为和活动的基础上产生的,是通过社会比较来实现的。大多数人的自我认知能力不高,对自我的评价不可避免地带有主观色彩,往往不是过高就是过低,大多属于过高型,因此,要提高自我认知能力,应该通过一些客观的测试,或者与同伴进行比较,通过比较做出评价。除此以外,大学生还可以借助别人的评价来认识自己,学会用一分为二的观点认识自己。

3. 发展性

事物总是发展变化的,没有一成不变的事物。俗话说,"士别三日,当刮目相看。"每个人都在不断发展变化,其优点和缺点也不是一成不变的。因此,大学生要用发展的眼光看自己,不断更新、完善对自己的认识,及时发现自己新的优点和缺点,通过努力,扬长避短,不断完善自己。

三、自我认知的方法

了解自我看起来很容易,但实际上并没那么简单。在不同的场合或面对不同的对象,人们在介绍自己时会有所不同,这诸多版本的自我介绍融合在一起也仅仅是人们对自己的模糊认识而已。自我认知就是要澄清这些模糊的认识,刻画出人们的真实面貌。大学生通过自我认知可以在职业生涯发展规划中更好地达到人职匹配。

最常用的自我认知方法有:自我评价法、他人评价法、约哈里窗法、正式评估法等。

1. 自我评价法

自我评价法是最为简单易行的方法,通常可以用"二十问法"。

"二十问法"又称 WAI 技法(WAI Technique)。WAI 即"我是谁?"(Who am I),此方法是对"我是……的人"的自问自答。用这样的方式对自己进行描述,尽可能地描述出自己的个性特征,避免描述显而易见的客观事实,比如性别、身高等。描述的内容越多,自我认知的程度越深。

1	我是一个喜欢独处的人
2	我是一个热爱生活的人
3	我是一个内心比较脆弱的人
4	我是一个喜欢帮助别人的人
5	我是一个在不善于表达感情的人
6	我是一个容易相处的人
7	我是一个在陌生人面前说话会紧张的人
8	我是一个游戏高手
9	我是一个动手能力很强的人
10	我是一个比较有想法的人
11	我是一个越挫越勇的人
12	我是一个参加过多次学校管弦乐演奏的人
13	我是一个善于倾听的人
14	我是一个有耐心的人
15	我是一个容易被感动的人
16	我是一个有理想抱负的人
17	我是一个喜欢看历史书的人
18	我是一个工科大学生
19	我是一个想对国家科技发展有贡献的人
20	我是一个爱拖延的人

自我评价法的优点是准确、深入,具有较好的个性化。自测者可以从结果中看到一个完整的、活灵活现的自我,看到自己是自信还是自卑,自己对人和事的态度是否具有积极取向等。自我评价法的缺点也较为明显,评价结果容易受到评价时的情绪状态、对结果的信任

程度等因素的影响,不同对象的评价结果不易进行定量比较,评价结果更适合于定性研究等。

2. 他人评价法

他人评价法可以邀请与自己较为熟悉的亲人、老师、朋友、同学等,从不同的方面对自己进行评价(图 3-1),操作方法、要求与自我评价法相同。如果能得到多份他人评价结果,就可以从更多的角度看待自己,分析自己,有效提高自我认知的程度。

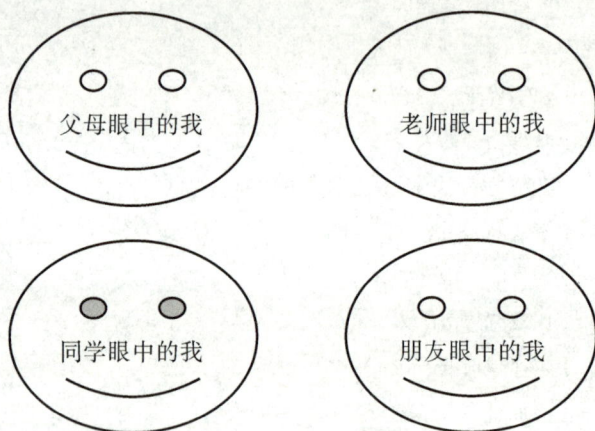

图 3-1 不同人眼中的我

他人评价法的优点是信息来源广泛,对自己的观察角度更丰富,得到的结果更全面。对自己越熟悉的人,给出的评价越深入。他人评价法的缺点是评价的结果可能受到评价者"讨好"心态的影响,更多地描述优点,有意忽略缺点,造成自我认知偏差;不同评价者的结果不容易进行定量比较。

3. 约哈里窗法

约哈里窗法又称约哈里窗理论(Johari Window),是美国心理学家约瑟夫·勒夫特(Joseph Luft)和哈林顿·英格拉姆(Harrington Ingram)提出的,是关于人自我认识的窗口理论,又被翻译为乔哈里窗、乔韩窗口等。约哈里窗理论分为 4 个象限:开放之窗(Open Window),即自己知道,他人也知道的关于自己的事情;盲点之窗(Blind Window),即自己不知道,他人却知道的关于自己的事情;隐蔽之窗(Hidden Window),即自己知道,他人不知道的关于自己的事情;未知之窗(Dark Window),即自己不知道,他人也不知道的关于自己的事实。约哈里窗法需要以自我评价法和他人评价法为基础,详见表3-1。

表3-1 自我认知的约哈里窗法

		他人评价	
		已知	未知
自我评价	已知	开放之窗(Open Window) (这部分是自己在生活中最常展现出来,并被大多数人所认知的特点) ·填自评与他评都有的条目 1. 2. 3. 4. 5. 6.	盲点之窗(Blind Window) (这部分是自己在生活中不愿意展现出来,不希望被别人看到的特点) ·填自评中出现,但他评中未出现的条目 1. 2. 3. 4. 5. 6.
	未知	隐蔽之窗(Hidden Window) (这部分是自己在生活中展现出来,被别人发现而自己却忽视了的特点) ·填他评中有,但自评中没有的条目 1. 2. 3. 4. 5. 6.	未知之窗(Dark Window) (这部分是潜藏在自己身上的某些特点,会在某些时候突然出现) ·不需要填写 1. 2. 3. 4. 5. 6.

约哈里窗法是全面认识自己的有效工具之一,其优点是可以通过他人的评价使"盲区"内的特点变得清晰,增进对自己的了解,同时能更容易地对各项评价结果进行整理、比较、分析。约哈里窗法的缺点是收集信息相对困难,在评价结果整理过程中需要耐心。约哈里窗法不是静止的而是动态的,大学生可以通过内、外部的努力改变约哈里窗法4个区域的分布。

4. 正式评估法

正式评估法是指通过一些标准化的测试量表进行评估,最常用的测评工具包括兴趣测评、性格测评、能力测评、价值观测评等。正式评估是了解自我的最方便快捷的方式,例如了解性格可以采用艾森克个性问卷、MBTI职业性格测试、卡特尔16种人格因素问卷(Cattell 16 Personality Factors Questionnaire,简称16PF)、爱德华个性偏好量表等;认识职业兴趣可以使用霍兰德职业兴趣测试;了解自己的能力可以使用认知方式测试、创造性思维测试等。目前国内部分高校和企事业单位都启用了测评软件,不同的测评设计有不同的使用方向,因此要慎重挑选测评工具。

正式评估法的优点是,可以针对自我意识中的某一个方面进行了解,结果简单明了、直观,容易接受;测试呈现量化的结果,不同受测者的结果易于进行对比分析。正式评估法的缺点是部分问卷在使用时需要专业人员指导、解释,不利于非专业人员使用;问卷的结果仍然会受到某些无关因素的干扰,结果所反映的内容可能会偏离实际。

上述几种方法各有优势,也有不足。由于自我意识的复杂性,单独使用哪一种方法都无法做到全面准确地认识自己。大学生在自我认知的过程中可以将多种方法相结合来了解自己的各个方面,尽可能地做到合理认知。

第二节 职业兴趣

兴趣不但影响职业定向与职业选择,而且在很大程度上影响一个人职业成就的大小。大学生在求职就业过程中充分考虑自己的兴趣爱好是至关重要的。大学生了解自己的职业兴趣倾向,并根据兴趣爱好规划未来的职业生涯,使自己的职业生涯变成令人愉悦的旅途,这对个人成长、职业发展将起到十分有益的作用。

一、兴趣与职业兴趣

兴趣是最好的老师,兴趣是人积极探索某种事物或从事某种活动的心理倾向。兴趣是一种无形的动力,每个人都会对自己感兴趣的事物给予优先注意并进行积极的探索。良好而稳定的兴趣能使人保持较高的积极性和自觉性。

当个体的兴趣指向与职业相关的活动时,就形成了职业兴趣。职业兴趣具有喜爱性和持久性,是自己喜欢并且愿意坚持的一种职业取向。大量的研究表明,职业兴趣和工作满意度、职业稳定性和职业成就感之间存在着明显的关联。个体的职业兴趣往往从对某种职业产生兴趣开始,随后形成较为稳定的职业兴趣,从而在相应的工作环境中激发出更大的工作热情,产生较高的工作满意度。职业兴趣一旦形成,就会激发个体去深入一个领域、了解一种职业的动机,并且愿意投入非常多的精力与情感。

职业兴趣是个人择业的一个重要依据。选择自己感兴趣的职业,是当今社会典型的择业观念。职业兴趣的建立与培养,是一个人从事某种职业并且取得一定成就的基础和前提,选择与自己兴趣和能力相匹配的职业是人们追求事业成功的关键。沃伦·巴菲特（Warren Buffett）曾说过：我和你没有什么差别。如果你一定要找一个差别，那可能就是我每天有机会做我最爱的工作。如果你要我给你忠告，这是我能给你的最好忠告了。由此可见，职业与兴趣相匹配的重要性。

二、兴趣与职业选择的关系

职业兴趣是职业选择的重要依据，兴趣影响择业，影响前途，甚至影响整个人生。当一个人对某种事物产生兴趣时，其主动性会得到最大限度的发挥，全身心地投入工作，枯燥的工作也变得丰富多彩、趣味无穷。兴趣不仅影响职业定向和职业选择，而且在很大程度上影响一个人职业成就的大小，激发个人探索和创造的欲望。因此，大学生的职业兴趣与职业选择、职业环境、职业生涯规划有密切的联系。

人格－职业匹配理论由霍兰德于 1959 年提出。他认为人的人格类型、兴趣与职业密切相关，兴趣是人们活动的巨大动力，具有兴趣的职业，都可以提高人们的工作积极性，促使人们积极地从事该职业，且职业兴趣与人格之间存在很高的相关性。该理论将人格划分为实用型、研究型、艺术型、社会型、企业型和事务型等 6 种类型。

1. 霍兰德人格类型理论

霍兰德认为，个人职业兴趣特性与职业之间应有一种内在的对应关系。按照霍兰德职业兴趣理论，当个人的兴趣、人格类型、性格特质与职业、工作环境不一致时，个人对工作的满意度、积极性就会下降，更倾向于离职，也就是说，个体的人格类型与职业的匹配程度决定了人们的工作积极性和流动倾向性。

霍兰德认为大多数人的职业兴趣可以归纳为以下 6 类：实用型（R 型，Realistic Type）、研究型（I 型，Investigative Type）、艺术型（A

型,Artistic Type)、社会型(S 型,Social Type)、企业型(E 型,Enterprising Type)、事务型(C 型,Conventional Type),并划分了相应的 6 种职业类型。当个体所从事的职业和职业兴趣类型匹配时,个体潜在能力可以得到最彻底发挥,工作业绩也更加显著。每种兴趣类型都有其人格特质和与之相匹配的职业环境、典型职业,见表 3 - 2。

表 3 - 2　霍兰德职业兴趣特质与职业环境

兴趣类型	人格特质	职业环境	典型职业
实用型（R）	·善于动手操作,善于用手、工具、机器设备工作 ·独立,愿意从事实物性的工作,喜欢户外活动 ·耐心率直,不善于人际交往	使用手工或机械技能对物体、工具、机器等进行操作,与“物”工作的能力比与“人”打交道的能力更好	园艺师、木匠、汽车修理工、工程师、军官、外科医生、足球教练
研究型（I）	·擅长钻研分析、判断推理,有韧性,独立好奇 ·自信创新,思维敏捷,追根究底,追求真理 ·人际适度,策略自由	分析研究问题,运用复杂、抽象的思考创造性地解决问题,谨慎缜密,能运用智慧独立地工作	实验室工作人员、生物学家、化学家、心理学家、工程设计师、大学教授等
艺术型（A）	·直觉敏锐,善于表达,创意唯美,自由表现 ·具有一定的艺术才能,不喜欢循规蹈矩,感情细腻而敏感,容易情绪化	要有创造力,以非传统的方式来表现自己,客观,独立,自由开放	作家、编辑、音乐家、摄影师、厨师、漫画家、导演、室内装潢设计师等
社会型（S）	·和善亲人,善于言谈交际、教导他人、陪伴共享 ·重视社会公平和正义,愿意帮助他人解决困难,提供服务、合作能力强	要有人际交往能力,如教导、医治、帮助他人等方面的技能,对他人表现出精神上的关爱,愿意担负社会责任	教师、社会工作者、心理咨询师、护士等

续表

兴趣类型	人格特质	职业环境	典型职业
企业型（E）	·有较强的权力欲和支配欲，有野心抱负，敢于冒险 ·领导能力较强，能够带领他人共同实现组织目标，具有影响力 ·精力旺盛，为人务实，冒险竞争，计划行动	要有说服他人或支配他人的能力，敢于承担风险，目标导向	销售、营销商、管理者、市场部经理、电视制片人、保险代理等
事务型（C）	·谨慎规矩，保守顺从，倾向于按照权威和规章制度办事，习惯性听从领导指挥，缺乏创造性和冒险精神 ·精确高效，运筹耐心，合作细心，稳定可靠	要有听取并遵从指示的能力，能够按时完成工作并达到严格的标准，有组织有计划，精确规范，制定规章制度	文字编辑、会计师、银行工作者、簿记员、办事员、税务员和计算机操作员等

结合大学生的实际状况与求职发展，不同类型大学生的人格特质与职业选择如下：

实用型（R）的大学生，善于动手操作，情绪稳定，不善于人际交往，他们更喜欢与"物"打交道，而不是与"人"打交道，比较适合的职业为机械工程师、电气工程师、计算机操作员、技术行业工作人员、外科医生等。

研究型（I）的大学生，擅长思考研究和判断推理，好奇心强，自信创新，思维敏捷，他们更喜欢运用智慧独立地工作，比较适合的职业为科研工作者、数据架构师、计算机程序员、企业研发人员、工程设计师、系统分析员、大学教授等。

艺术型（A）的大学生，直觉敏锐，善于表达，创意唯美，具有一定的艺术才能，不喜欢循规蹈矩，喜欢以非传统的方式来表现自己，客观，独立，自由开放，比较适合的职业为作家、编辑、工艺美术工作者、音乐家、摄影师、导演、室内装潢设计师等。

社会型(S)的大学生,为人和善,善于言谈交际,重视社会公平和正义,愿意帮助他人解决困难,喜欢教导他人,合作能力强,比较适合的职业为教师、社会工作者、社区服务人员、高校辅导员、护士等。

企业型(E)的大学生,精力旺盛,为人务实,领导能力强,影响力大,敢于冒险,能够带领他人共同实现组织目标,比较适合的职业为销售、营销商、管理者、市场监督管理人员、法官、律师等。

事务型(C)的大学生,谨慎规矩,保守顺从,习惯性听从父母和老师的指挥安排,精确高效,合作细心,稳定可靠,比较适合的职业为文字编辑、会计师、职员、税务员、出纳、投资分析员等。

2. 霍兰德的六边形模型

霍兰德认为上述6种兴趣类型之间并不是完全独立的,而是存在一定程度的相关性。他在职业兴趣理论的基础上提出6种职业兴趣的环形结构模型,又称六边形模型。霍兰德对6种兴趣类型之间的关系用一个六边形来表示(图3-2),认为这个六边形模型表现出这样的规律性:R、I、A、S、E、C按顺时针排列形成环形;每两种类型之间有3种关系,即相邻、相隔和相对。相邻职业兴趣类型间的相关性最大,相隔职业兴趣类型间的相关性次之,相对职业兴趣类型间的相关性最小。此模型被认为是霍兰德职业兴趣理论的精髓,得到美国样本的广泛验证,但在跨文化的样本中却没有足够的证据支持。

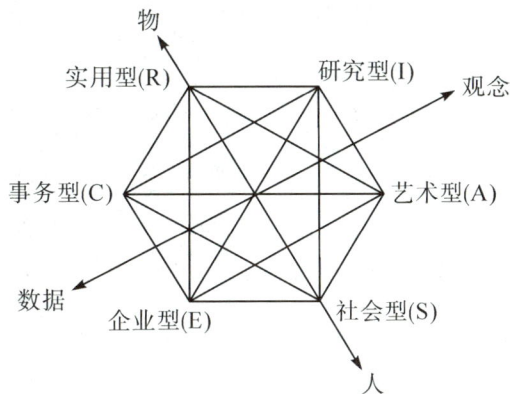

图3-2　霍兰德六边形模型

实用型（R）的人喜欢与物打交道，社会型（S）的人喜欢与人打交道，事务型（C）和企业型（E）的人喜欢与数据打交道，研究型（I）和艺术型（A）的人喜欢与观念打交道。大学生通过霍兰德职业测试或"六岛环游"游戏法，获得职业兴趣的 3 个字母（代表 3 种兴趣类型，即 R、I、A、S、E、C 中 3 个得分最高的字母）组合成的代码，这个代码被称为"霍兰德代码"（Holland Code），标示一个人的职业兴趣，根据代码检索表可寻找相对应的职业。如小王同学测试后系统给出了 3 个字母 SEC，这 3 个字母之间的顺序表示了不同类型兴趣的强弱程度。这就意味着他的主要职业兴趣领域是 S（社会型），次要兴趣领域是 E（企业型）和 C（事务型）。根据霍兰德理论，这位学生可能更喜欢与人打交道的职业，其次可能喜欢崇尚规则，处理数据的职业，比如教育活动家、教育咨询者、餐饮服务管理员等。一般而言，相似性高的代码组合在一起会更容易做出职业选择。

但是大学生在做职业选择时，切记任何职业都不能满足个体的所有兴趣，一是因为个体的兴趣是多元的，是多种兴趣类型的综合体，单一类型显著突出的情况并不多见；二是因为影响职业选择的因素是多方面的，兴趣只是其中一个因素，职业选择还受个人的人格、能力、价值观等影响，同时社会环境、市场需求、就业机会、职业声望、职业发展等对职业选择也有影响，所以，大学生在做职业决策时要结合自身的实际情况，综合考虑才是明智的。

同时，大学生要理性对待测评结果，尽管霍兰德职业兴趣测试是国际通用的测试量表，信效度很好，但毕竟每个人都是独一无二的，相同兴趣类型的人可能还有不同的倾向、爱好、特点，测评结果只是在统计学意义上对同类型的人做出预测，但对个体而言，大学生只需要把测评结果作为一种职业决策的参考即可。

三、了解自己的职业兴趣

大学生在求职就业过程中应充分考虑自己的兴趣爱好，了解自己的职业兴趣倾向,根据兴趣爱好规划自己的职业生涯,这对个人成长将起到很好的作用。了解职业兴趣的方式较多,大学生可以通过以下几种方法进行探索。

1.自我评价法

大学生可以问自己以下一些问题:最喜欢的娱乐消遣项目是什么? 如果不考虑薪金收入,会选择怎样的工作? 做什么事情会觉得开心,且能持续很久? 做什么事情感觉最轻松? 如果一辈子只能选择一种职业,会选择什么? 等等。回答这些问题都有助于大学生了解自己的职业兴趣。

2.“六岛环游”游戏法

“六岛环游”是根据霍兰德兴趣理论开发的游戏,很适合课堂的小组活动。该方法的指导语为:如果你有机会去下列岛中的一个,唯一的要求是你必须在这个岛上待至少3个月的时间且中途不能离开,不考虑时间、金钱等因素,仅凭自己的兴趣挑出你最想前往的岛屿,如图3-3所示。其中1号岛屿是自然原始的岛屿。岛上自然生态保持得很好,有各种野生动物;居民以手工见长,自己种植花果蔬菜,修缮房屋,打造器物,制作工具,喜欢户外运动。2号岛屿是深思冥想的岛屿。岛上有多处天文馆、科技博览馆及图书馆;居民喜好观察、学习,崇尚和追求真知,常有机会和来自各地的哲学家、科学家、心理学家等交换心得。3号岛屿是美丽浪漫的岛屿。岛上有很多美术馆、音乐厅、街头雕塑和街边艺人,弥漫着浓厚的艺术文化气息;居民保留了传统的舞蹈、音乐与绘画,许多文艺界的朋友都喜欢来这里寻找灵感。4号岛屿是友善亲切的岛屿。居民个性温和、友善、乐于助人,社区均自成一个密切互动的服务网络,人们重视互助合作,重视教育,关怀他人,充满人文气息。5号岛屿是显赫富庶的岛屿。居民善于企业经营和贸易,能言善道;岛上经济高度发展,处处是高级饭店、俱乐部、高尔夫球场,来往者多是企业家、经理人、政治家、律师等。6号岛屿是现代有序的岛屿。岛上建筑十分现代化,是进步的都市形态,以完善的户政管理、地政管理、金融管理见长;居民个性冷静保守,处事有条不紊,善于组织规划,细心高效。

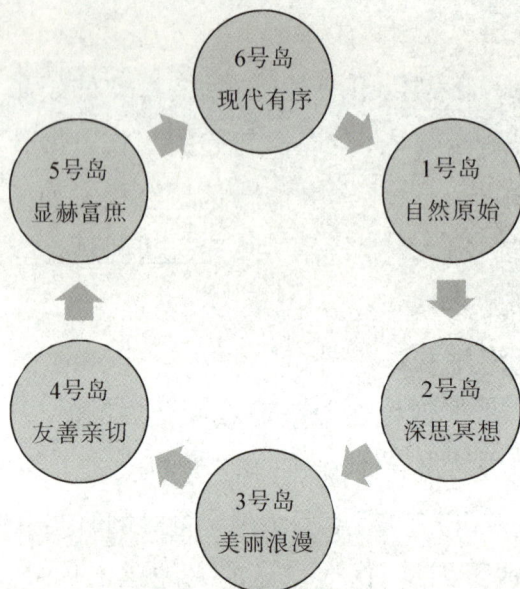

图3-3 "六岛环游"游戏

测试结果显示:1号岛屿对应实用型(R),2号岛屿对应研究型(I),3号岛屿对应艺术型(A),4号岛屿对应社会型(S),5号岛屿对应企业型(E),6号岛屿对应事务型(C),见表3-3。

表3-3 "六岛环游"游戏与霍兰德类型的对应

岛屿代号	岛屿特点	对应的霍兰德代码	对应的霍兰德类型
1	自然原始	R	实用型
2	深思冥想	I	研究型
3	美丽浪漫	A	艺术型
4	友善亲切	S	社会型
5	显赫富庶	E	企业型
6	现代有序	C	事务型

3. 职业兴趣测评法

目前国内外使用范围最广的兴趣测试为霍兰德职业兴趣测试

(Self-Directed Search,简称SDS),是由美国职业指导专家约翰·霍兰德
(John Holland)根据大量的职业咨询经验及其职业类型理论编制的测
评工具。霍兰德职业兴趣测试起初针对不同群体有不同的版本,从
1969年编制量表以来,经历了5次大的修订。我国1996年引进霍兰德
职业兴趣测试,国内学者对其1985年版进行修订和本土化。现在国内
流行和通用的霍兰德测试(常规版)总题量为192题。霍兰德认为,个
人职业人格类型与职业选择之间具有内在的对应关系,当人和环境相
匹配的时候,人可以更好地施展才能,发挥优势,解决问题,承担角色。

四、兴趣与现实的冲突

自己的兴趣爱好、特长与现实职业冲突是很多求职者和职场人
士的烦恼。例如,有的口才好、气质佳的女生,一心想要做主持人,结
果却去了某个公司的财务部门;有的才华横溢、妙笔生花的男生,梦
想着和文学打交道,毕业后却整天埋头在一堆机器中。很多大学生,
高考填志愿时,报考当时的热门专业,毕业后,懵懵懂懂地进入某个
行业,可是工作之后发现自己的热情根本不在这里。当兴趣与现实
职业不匹配的时候,职业发展应该何去何从? 能否在职业和兴趣之
间找到一种平衡? 以下几种方案可供参考。

1. 先把首份职业发展好再考虑职业兴趣

人的需求是有层次的,可以分为几个阶段来实现,不必强求在职
业发展初期就一步到位。社会发展的不同阶段对人才质量和数量的
需求不同,每个人的现实情况存在差异,寻找工作的难易程度也不
同,如果职业选择的时候没有办法实现职业兴趣,那么就分阶段分步
骤实施。先就业后择业,根据职业发展的阶段性特点,逐步选择相应
的工作,培养相应的能力,具备了较强的实力之后,再转换职业领域,
最终把职业发展与自己的兴趣爱好统一起来。

2. 追随自己的职业兴趣,转换行业或发展领域

如果对自己的职业实在没兴趣,那么认真评估个人兴趣和现实

职业之间的差距,在情况允许的情况下,果断地选择改行。很多成功者的案例都表明:成功是和爱好紧紧联系在一起的,兴趣和职业统一起来更有利于充分发挥自身的潜能,做出最好的业绩来。

3. 在职业之余发展自己的兴趣

很多时候,人没有办法自由更换职业,在工作之余发展自己的兴趣,也是很好的策略。大学生可以把职业和兴趣分开,让两者都成为生活的支点。例如作家当年明月从底层公务员奋斗到副厅级干部,同时凭借小说《明朝那些事儿》风靡全国。他在工作之余,把自己的兴趣最大化,成为知名的"兼职"作家。

第三节　职业性格

一、性格与职业性格

我们通常用"外向""内向""活泼""安静"等词语形容一个人的性格。心理学家对性格有不同的定义,但其中有两个基本内涵是一致的:独特性与特征性模式。性格是表现在人对现实的态度和相应的行为方式中比较稳定的、具有核心意义的个性心理特征,是一种与社会相关最密切的个性心理特征。性格包含了许多社会道德含义,表现了人们对现实和周围世界的态度,体现在对自己、对别人、对事物的态度及所采取的言行上。

人的性格不是一朝形成的,受到遗传、家庭教育、文化背景、社会环境、学习经验等因素的影响,形成了独特性、相对性、稳定性和一致性的特征。一般来说,性格决定了一个人的行为方式,并且贯穿于他的全部行动。个体一时性的表现不能认为是他的性格,只有经常性、习惯性的表现才是他的性格。但性格也不是一成不变的,可以逐步改变。

职业性格是一个人适应社会职业所需要的稳定的状态，以及与之相适应的行为方式的独特结合。职业性格不是与生俱来的，是与个体生活环境、所受的教育及所从事的实践活动息息相关的。职业性格没有好坏之分，每个人的职业性格使其有擅长的一面，也有不擅长的一面。比如市场、销售等岗位需要较强的沟通能力和交往能力，性格内向的人就不太适合，而审计、财务等工作则需要心思缜密、工作细致的人来做，对数字不敏感、粗心的人就不太合适。大学生如果能找到适合自己性格的工作岗位，能发挥自己的长处与优势，那么就会充满信心，取得良好的成绩；相反，如果做自己不擅长的事，那么不仅会影响工作效果，还会影响个人未来的职业发展。现在越来越多的组织招聘时，会测试求职者的性格特征，他们希望能找到适合岗位的求职者。对于大学生而言，了解自己职业性格的优势与自己的行为风格及做事特点，明确自己适合的组织类型、工作、环境，使之与职业相匹配，有助于自己职业生涯规划和职业道路选择，以及整个职业发展。

二、性格与职业选择的关系

性格是稳定的、习惯化的思维方式和行为风格，贯穿于人的整个心理，是人的独特性的整体写照。性格是职业选择的重要参考，也是企业招聘的重要依据。目前很多企业要求求职者完成不同类型的人格测试，期望找到适合企业岗位性格的人。大量研究和实践表明：人格类型和管理活动有着特定的关系，它们对组织的贡献不同，所适宜的组织环境也不同。对于大学生而言，了解自己的性格特点，并进行适合自己性格的职业规划和岗位选择非常重要。性格与职业选择的关系可通过职业性格理论做进一步的了解。

1. 职业性格理论

迈尔斯－布里格斯人格类型测验（Myers-Briggs Type Indicatr，MBTI）是目前应用最广泛的职业性格理论模型。该模型是伊莎贝尔

·迈尔斯(Isabel Myers)和凯瑟琳·布里格斯(Katharine Briggs)在荣格人格理论基础上提出的一套个性测验模型。其意义在于解释人与人之间的差异现象以及优化决策,对决策流程进行理性的干预。

MBTI人格理论将性格分成十六种具体类型,有数据表明,S-N、T-F两种维度的组合(ST、SF、NF、NT)与职业选择更相关。其中对职业选择影响最大的维度偏好是"感觉—直觉(SN)",这个维度偏好很大程度上决定了个体的兴趣特征。感觉型(S)的人喜欢那些涉及大量客观事实的工作,而直觉型(N)的人则更希望有机会在工作中探索各种可能性。对个体职业选择影响第二的维度偏好是"思维—情感(TF)",这个维度决定了个体容易采用或者接受什么样的决策方式。思维型(T)的人更善于处理与物体、机械、规则或者理论相关的问题,情感型(F)的人更善于处理与人有关的问题,他们总能知道他人的价值取向,也懂得如何说服或者帮助他人。

2.职业性格类型与职业

根据MBTI人格理论,个体在感知(SN)与判断(TF)维度上的不同偏好构成ST、SF、NF、NT等4种组合,不同组合的性格特点和职业选择既有相同点,也有不同点。参照美国学者唐娜邓宁所著的《你的职业性格是什么?》,具体分析如下。

1)感觉思维(ST)型

感觉思维(ST)型的人关注客观事实,能够对其进行理性分析。他们往往实事求是,而且非常务实,在与物体或者金钱打交道时总是得心应手。有研究表明,ST型的人在会计、金融贸易、律师、生产、建造、应用科学等领域都有不俗的表现,详见表3-4。

2)感觉情感(SF)型

感觉情感(SF)型的人也比较关注事实,但他们倾向于采用有人情味的方式来处理现实问题。SF型的人一般都比较有同情心,而且亲切友善,他们喜欢为他人提供实际帮助和服务工作。有研究表明,

SF 型的人在护理、保健、社区服务、教育（尤其是小学教育）、体育教育、销售等方面的表现都非常出色，详见表 3 - 5。

表 3 - 4　ST 型人格职业选择倾向

类型	人格特征	职业选择倾向
ESTJ 务实果断型	"让我们放手去干" · 讲求实际，注重实际，注重事实 · 果断，很快做出实际可行的决定 · 能够注意日常例行工作的细节 · 喜欢推动事务向具体、务实方面发展 · 清晰具体地界定目标和优先次序	· 商界与金融操作 会计师、审计师、预算分析师、金融分析师、财务核算师等 · 计算机与数学 计算机软件工程师、精算师等 · 医疗保健与技术
ISTJ 逻辑缜密型	"为什么要白费力气做同样的事情" · 沉静，精确认真，贯彻始终，得人信赖 · 做事有次序、有条理，遵循规则 · 重视传统、忠诚 · 讲求实际，注重事实	理疗师、药剂师、牙医、内科医生、护理工作者等 · 管理 教育行政人员、行政服务管理者、财务总监等
ESTP 逻辑反应型	"请求原谅比获得允许更简单" · 讲求实际，专注即时的效益 · 天生的冒险者 · 对理念和概念上的解释感到不耐烦，希望以积极的行动去解决问题 · 喜欢物质享受的生活方式	· 建筑与工程设计 航天、电气、机械、电子、电脑硬件工程师等 · 计算机与数学 计算机软件开发、软件测试工程师，精算师等
ISTP 务实分析型	"切中要点" · 容忍，有弹性，冷静的观察者，当有问题出现时便迅速行动，找出可行的解决方法 · 关注细节，能分析哪些东西可以使事情进行顺利 · 很重视事件的前因后果，重视效率	· 安装、养护与维修工作 电脑、电气、电信设备、电子产品维修人员等 · 生命、物理与社会科学 化学家、经济学家、地质学家、法医科学家等

表3-5 SF型人格职业选择倾向

类型	人格特征	职业选择倾向
ESFP 感性反应型	"包在我身上" ·外向,友善,包容 ·热爱生命,尽情表达,爱物质享受 ·帮助他人,喜欢与别人共享 ·在工作上能用常识,注重现实的情况,使工作富有趣味性	·艺术、设计、娱乐、体育与媒体 音乐家、制片人、摄影师、工艺美术师、演员等 ·医疗保健与技术 眼科医生、外科医生、重症护理、内科医生、职业理疗师、护理工作者等
ISFP 务实关顾型	"永远乐于帮忙" ·沉静,友善,敏感,仁慈 ·欣赏目前和周遭所发生的事情 ·活在当下,享受此刻,善于运用创新的方式解决问题	·保护服务 教育工作者、消防员、救生员、健身教练、儿童看护者等
ESFJ 务实贡献型	"众人拾柴火焰高" ·有爱心,尽责,合作,服务社会 ·渴望和谐的环境,而且有决心营造这样的环境 ·喜欢与别人共事,能准确地、准时地完成工作,为他人成就而高兴 ·喜欢按部就班的工作方法	·教育、培训与图书馆 幼儿园、小学、中学、特殊教育教师,图书馆助理等 ·医疗保健与技术 验光师、治疗师、护理工作者等 ·办公室与行政支持 会计与审计人员、秘书、办公设备操作员、法院书记员等
ISFJ 感性缜密型	"不要惹是生非" ·沉静,友善,有责任感,谨慎 ·能坚定不移地承担责任 ·做事贯彻始终,不辞辛苦,准确无误 ·喜欢一对一的工作,为他人提供个性化服务	·社会服务 儿童护理工作者、医疗与公共卫生服务者、导游、教练、人力资源经理等

3)直觉情感(NF)型

直觉情感(NF)型的人更关注潜在的可能性而非客观事实。他们的热情和敏锐的洞察力能够帮助其准确地理解他人并顺畅地与人沟通。有研究表明,NF型的人在咨询、教学、研究、文学和艺术领域都有出色的表现,详见表3-6。

表 3－6　NF 型人格职业选择倾向

类型	人格特征	职业选择倾向
ENFJ 洞察贡献型	"三个臭皮匠,赛过诸葛亮" ·温情,有同情心,反应敏捷,有责任感 ·忠诚,对赞美和批评都能做出很快的回应,建立和谐的人际关系 ·社交活跃,能够看到每个人的潜质 ·支持个人和组织的成长	·艺术、设计、娱乐、体育与媒体 时装、插花、室内、展览设计师,艺术家,音乐家,作曲家等 ·教育、培训与图书馆 幼儿园、小学、中学、职业教育、特殊教育教师,图书馆助理等
INFJ 感性愿景型	"要看到事务表象下更多的东西" ·探索意念、人际关系和物质拥有欲的意义和关系 ·尽责,能够履行自己坚持的价值信念,将愿景变为现实 ·有一个清晰的理念以谋取最佳利益 ·关注创造和实施一切帮助人的活动	·医疗保健与技术 内科医生、外科医生、牙医、内验光师、兽医、护理工作者等 ·生命、自然与社会科学 人类学家、临床心理学家、生物技术人员、心理咨询师、城市与区域规划师等
ENFP 感性探索型	"追随梦想" ·热情而热心,富于想象力 ·鼓励和激励他人 ·认为生活充满很多可能性 ·亲和,友善,营造和谐气氛	·艺术、设计、娱乐、体育与媒体 平面、室内、展览设计师,艺术家,音乐家,作曲家,制作人,演员等 ·社会服务 儿童护理工作者、康复咨询师、顾问等
INFP 洞察关顾型	"我对此有好的感觉" ·理想主义者,忠于自己的价值观 ·乐于在生命中学习和发展新技能 ·外在的生活与内心价值观配合 ·有好奇心,能很快看到事情的可能与否,能加速对理念的实践 ·适应性强,有弹性,能协助别人发展潜能 ·逃避教条主义,喜欢自由	·教育、培训与图书馆 幼儿园、小学、中学、特殊教育教师,图书馆助理等 ·生命、自然与社会科学 人类学家、临床心理学家、生物技术人员、心理咨询师、城市与区域规划师等

4）直觉思维（NT）型

直觉思维（NT）型的人也非常关注各种可能性，但他们的处事方式往往更加客观理性。NT 型的人大多都具有强大的逻辑性和原创性，并善于用自己的才能来推动理论与技术的发展。有研究表明，NT型的人往往会成为比较优秀的发明家、管理者、证券分析师、科学家等，详见表3-7。

表3-7　NT型人格职业选择倾向

类型	人格特征	职业选择倾向
ENTP 逻辑探索型	"可能性是无尽的" ·思维敏捷，机灵，能激励他人，警觉性高 ·能随机应变地应付新的富于挑战性的问题 ·善于引出在理论上可能发生的问题，然后很有策略地加以分析 ·善于洞察别人，对日常例行事务感到厌倦 ·喜欢与具有独立性、能力出众的人一起工作	·艺术、设计、娱乐、体育与媒体 时装、插花、室内、展览设计师，艺术家，音乐家，作曲家等 ·商界与金融操作 会计师、审计师、预算分析师、金融分析师、财务核算师等 ·计算机与数学 计算机软件、软件测试、工程师、精算师等 ·生命、自然与社会科学 人类学家、临床心理学家、生物技术人员、心理咨询师、城市与区域规划师等
INTP 洞察分析型	"明白了吗?" ·对任何感兴趣的事物都要探索一个合理的解释 ·喜欢理论和抽象的事情，喜欢理念思维多于社交和执行 ·沉静，满足，有弹性，适应性强	·管理 人力资源经理、销售经理、采购经理、薪酬与福利经理等

类型	人格特征	职业选择倾向
ENTJ 洞察果断型	"让我们做成这件事" ·坦率,果断,乐于作为领导者掌控一切 ·喜欢长远的计划、有一套制定的目标 ·博学多闻,喜欢追求知识并能把知识传给别人	·商界与金融操作 会计师、审计师、预算分析师、金融分析师、财务核算师等 ·教育、培训与图书馆 幼儿园、小学、中学、大学教师,图书馆助理等
INTJ 逻辑愿景型	"画面远胜于语言" ·有创意的头脑和很大的冲劲去实践理念 ·能够很快掌握事情发展的规律,确定长远的发展方向 ·一旦做出承诺便会有条理地开展工作,解决复杂问题 ·有怀疑精神,独立自主,执行计划	·医疗保健与技术 内科医生、外科医生、牙医、验光师、兽医、护理工作者等 ·管理 人力资源经理、销售经理、采购经理、薪酬与福利经理等

大学生在进行职业选择时,不能因为自己不属于某种人格类型就放弃对理想职业的追求,而应该认真调研理想的职业,进行合理的选择。MBTI人格理论在企业招聘中也得到了广泛的应用,企业在制订人力资源计划、编写职位说明书时,会考虑是否有某种或某些典型的人格特别适合某个具体的职位,或某个职位特别需要某种人格特性,即人格与职位的匹配性。

三、了解自己的职业性格

大学生在做职业规划或者职业选择时,若能根据自己的性格了解自己擅长什么,不适合什么,就会避免走很多弯路。了解职业性格的方式较多,大学生可以通过以下几种方法进行探索。

1.自我评价法

大学生可以回答以下一些问题:忙碌了一周,觉得很累,周末了,更向往一个人在家看看书,听听音乐,刷剧,还是和朋友聚会?当看一本书或一幅画的时候,是容易被细节所吸引,还是关注故事或画面的意义?当做决定的时候,是容易受情感情绪影响,还是秉公办事,客观公正?当计划被打乱了,是觉得无所谓还是很难受?这些问题都有助于大学生了解自己是内倾型还是外倾型,是情感型还是理智型的性格特点。

2. 性格测试

心理学家对性格的关注和研究较多,开发了很多有效的测试工具,如卡特尔16种人格因素问卷(16PF)、明尼苏达多项人格测验(MMPI)、大学生人格问卷(UPI)、大五人格测试、九型人格测试、MBTI性格测试等。这些由心理学家在无数个案例和广泛调查研究基础上研发设计的性格自测试卷,有助于大学生合理评估自己的性格,下面介绍几个比较典型的性格测试。

1)MBTI职业性格测试

MBTI把人的个性特征归纳提炼出4个关键维度——能量来源、注意力指向、决策判断、行动方式进行分析判断,每个维度中有两种不同的倾向偏好:外倾—内倾,感觉—直觉,思考—情感,判断—知觉,从而把不同个性的人区别开来,详见表3-8。

表3-8 MBTI性格类型表

关键维度	偏好类型	
能量来源	外倾(E) Extroversion	内倾(I) Introversion
注意力指向	感觉(S) Sensing	直觉(N) Intuition
决策判断	思考(T) Thinking	情感(F) Feeling
行动方式	判断(J) Judging	知觉(P) Perceiving

取每个维度上偏好类型的首字母，即可构成每个人的性格类型。4 个维度、8 个端点组成不同的性格类型，如 ISFJ 类型，即内倾感觉情感判断型；ENFP 类型，即外倾直觉情感知觉型。MBTI 理论认为不同性格的人，个性特征、功能运用、工作优劣势、岗位特质、适合职业等方面存在较大差异。

2）卡特尔 16 种人格因素问卷

卡特尔 16 种人格因素问卷，是由美国伊利诺伊州立大学教授雷蒙德·伯纳德·卡特尔（Raymond Bernard Cattell）经过几十年的系统观察、科学实验以及因素分析统计后逐渐形成的，应用十分广泛。我国现在通用的卡特尔 16 种人格因素问卷是刘永和博士与梅瑞狄斯博士合作，于 1970 年发表的中文修订本。

卡特尔通过人格因素分析获得 16 种性格的根源特质，通过乐群性、智慧性、稳定性、影响性、活泼性、有恒性、交际性、情感性、怀疑性、想象性、世故性、忧虑性、变革性、独立性、自律性、紧张性等相对独立的性格维度对人进行评价，能够较全面地反映人的性格特点。例如乐群性高分者外向、热情、乐群，低分者缄默、孤独、内向。根据卡特尔 16 种人格因素问卷，可以大体把握个体的基本人格特征、环境适应、专业成就和心理健康等方面的表现。在人力资源管理中，卡特尔 16 种人格因素问卷能够有效预测应试者的工作稳定性、工作效率和压力承受能力等，被广泛应用于心理咨询、员工招聘和职业指导的各个环节。

3）九型人格测试

九型人格测试是指按照九型人格学测试性格类型。九型人格学（Enneagram）起源较早，直到 20 世纪初被乔治·伊万诺维奇·葛吉夫（George Ivanovich Gurdjieff）介绍到西方，许多知名的心理学家、精神病学家学习、研究九型人格学，将其广泛应用在个人成长、企业管理及处理人际关系等方面。

第一型:完美主义者(完美型)(The Perfectionist)。完美主义者对自己和他人都有极高的要求,相信总有一种完美的方法,因为害怕犯错而犹豫不决,拖延行动。

第二型:给予者(助人型)(The Giver)。给予者要求获得他人的好感和认同,希望成为他人不可缺少的一部分,愿意满足他人的需要,具有很强的控制能力、吸引力和多样的自我,引人注目。

第三型:实干者(成就型)(The Performer)。实干者乐于接受竞争,追求成就感,总是把自己想象成胜利者并拥有相当的社会地位,注重外表形象,精于打扮。

第四型:悲情浪漫者(自我型)(The Tragic Romantic)。悲情浪漫者被不切实际的幻想所吸引,理想状态永远不是此时此地,性格内向、忧伤、敏感,具有艺术气质。

第五型:观察者(思考型)(The Observer)。观察者总在情感上与他人保持一定的距离,注重对自己隐私的保护,不愿被牵扯到别人的生活中,宁愿脱离,也不愿参与,对自己的义务和他人的需要感到疲惫,喜欢把责任和义务分清楚,不愿意接触其他人和事,也不愿去体验感情。

第六型:怀疑论者(忠诚型)(The Devil's Advocate)。怀疑论者用怀疑的目光看待一切,因为怀疑而害怕、疲惫,用思考代替行动,采取行动时犹豫不决,害怕受到攻击,对害怕的原因非常敏感,反对独裁,愿意自我牺牲,而且非常忠诚。

第七型:享乐主义者(欢乐型)(The Epicure)。享乐主义者像孩子一样天真,永远年轻,乐天派,对任何事都是一知半解,做事常常半途而废,从来不愿意做出承诺,总是希望拥有多种选择。

第八型:保护者(领袖型)(The Boss)。保护者具有很强的保护能力,愿意保护自己和朋友,积极好斗,主动负责,喜欢挑战,无法控制自己,公开地发泄怒火,展示自己的力量。

第九型:调停者(和平型)(The Mediator)。调停者自身充满矛盾,考虑各方观点,愿意放弃自己的观点,接受他人的想法。对于他人的需求十分敏感,为人亲切,不会直接发脾气。

第四节 就业能力

一、能力与就业能力

能力是一种心理特征,是一个人顺利实现某种活动的心理条件。例如,一位小学教师所具有的语言表达能力、组织能力等都是保证教师顺利完成教学活动的条件。能力表现在所从事的各种活动中,并在活动中得到发展。也就是说,只有在一个人所从事的某种活动中,才能看出他所具有的某种能力。能力的高低会影响人的活动效率。

就业能力(Employability)是个体在劳动力市场所表现出来的综合能力,是个体寻找、维持、更换工作时所拥有的综合能力。就业能力的研究产生于西方经典管理学、经济学理论领域,目前依然是中西方学者比较关注的热门话题。

二、了解自己的就业能力

大学生所拥有的能力为其提供完成工作所需要的专业技术。了解自己的就业能力,有助于增强自己的竞争优势,将所拥有的能力与工作机会相匹配,更有助于自己的职业规划。大学生可通过以下方法了解自己的职业能力。

1. 自我评价法

自我评价法是指通过自己日常的行为方式和过往经验,对自我拥有能力的总结和归类。大学生可以问自己一些问题,如擅长做什么？掌握了哪些技能？可以为公司提供哪些技能？这些问题都有助于大学生了解自己的能力。

2. 来自他人的认可和反馈

大学生可通过身边熟悉的人，如老师、同学、家人、朋友等对自己的认可和反馈评价了解自己的技能。

3. 职业技能分类卡法

职业技能分类卡法是探索职业技能的一种非正式评估方式。大学生在一定数量的职业技能卡片中选出自己最擅长使用的技能，以便在以后工作中进行加强和提升。

4. 用 STAR 法撰写成就故事

回忆自己所做的有成就感的事情并进行撰写，包含当时的情形（Situation）、面临的任务/目标（Task/Target）、采取的行动/态度（Action/Attitude）、取得的结果（Results）。理想状态下，可以写出 3～5 个成功故事，看看在这些故事中是否有重复出现的技能，并将这些技能按优先次序加以排列。

5. 职业能力测试

职业能力测试，又称为职业能力倾向性测试，是通过专业测试软件预测某人的职业定位及适合的职业类型，能更好地确定一个人对其所从事职业的综合考量。学界对职业能力的关注和研究较多，开发了很多有效的测试工具，如职业胜任力问卷（Career Competencies Questinnaire，CCQ）、职业胜任力指标问卷（Career Competencies Indicator，CCI）、大学生就业力量表等。这些职业能力测试量表有助于大学生合理评估自己的能力。

下面介绍两种职业能力测试：

（1）职业胜任力指标问卷。职业胜任力指标问卷共有 43 道题，主要测量维度有：目标设定与规划（Goal Setting and Career Planning），自我认知（Self-Knowl-Edge），工作绩效有效性（Job-Related Performance），职业相关技能（Career Related Skills）、政治技能（Knowledge of Politics）、寻求反馈与自我展示（Feedback See-King and Self-Presentation）、职业指导与社交网络（Networking and Mentoring）。其中目标设定与规划有5道题，自我认知有5道题，工作绩效有效性有5道题，职业相关技能有7道题，政治技能有5道题，寻求反馈与自我展示有8道题，职业指导与社交网络有8道题。该量表适用于所有工作人群，且建立了可信的信效度资料，具备较大的推广价值。

（2）大学生就业力量表。本书课题组于2019年对731个就业单位进行问卷调查，所调查的就业单位涉及18个行业，8种不同类型，29个省（区、市），并根据问卷结果开发了"大学生就业力自评量表"，通过对419位大学生进行问卷调查，发现大学生就业力自评量表的克龙巴赫 α 系数（Cronbach's α）值为0.968。就业力5个维度的克龙巴赫 α 系数值均在0.8以上，表明大学生就业力自评量表及5个维度具有较高的信度。"大学生就业力自评量表"包括5个维度：目标感、学习力、专业能力、变通力、领导力。目标感是指大学生有明确的目标并擅长目标管理，具有实现目标的良好品质及行动策略。学习力是大学生在信息化和数字化社会中具有自主、主动和快速的学习能力。专业能力是指大学生在求职和职业发展中所具有的基本专业能力。变通力是指大学生在多元文化和组织中表现出的的灵活应变能力。领导力是指大学生在组织中表现出来的领导品质和影响力。

三、提升大学生就业能力

1. 提高目标感

成功的人生一定是有目标感的人生。美国心理学家埃德温·洛克（Edwin Locke）于1967年最先提出了"目标设置理论"（Goal Setting Theory），他认为目标本身就具有激励作用，目标能把人的需要转变为动机，使人们的行为朝着一定的方向努力，并将自己的行为结果与既

定的目标相对照,及时进行调整和修正,从而实现目标。大学生在制定目标的时候应该注意以下几点:

(1)把目标分为长期目标、中期目标和短期目标。长期目标,一般为5~10年内的目标,个人会对此始终如一、坚持不懈。长期目标的主要特征为:符合自己的价值观和信念,既有可能实现又具有挑战性;目标和社会发展需求相结合;实现时间可以有明确规定,也可根据现实灵活变动。中期目标,一般为3~5年内的目标,它相对于长期目标更具体一些,并且服务于长期目标。中期目标的主要特征为:与长期目标保持一致;对目标实现的可能性做出评估;个人对此充满信心等。短期目标,一般为1~2年内的目标,是长期目标和中期目标的进一步具体化,现实化,是最清楚的目标。短期目标又分为年目标、月目标、周目标、日目标。短期目标的主要特征为:可操作性强;服从于中期目标;明确规定具体的完成时间;对实现目标有把握等。

(2)把职业目标分为外职业生涯目标和内职业生涯目标。外职业生涯目标侧重于职业过程的外在标记,如职务目标、工作环境目标、经济目标等。内职业生涯目标侧重于职业过程中自身知识、经验的积累,能力的提高及内心感受等。通常,内职业生涯目标的发展带动外职业生涯目标发展,外职业生涯目标的实现可以促进内职业生涯目标的达成。一个人在分解自己的职业生涯目标时,应将外职业生涯目标与内职业生涯目标同时推进,并且应该将内职业生涯目标作为重点考虑的内容。目标分解要兼顾内外职业生涯目标,长、中、短期目标两个维度的交叉。

(3)根据SMART原则设立职业目标。S(Specific):用具体、明确的语言说明要达成的行为标准;M(Measurable):可以量化的,能度量的,目标可衡量才能计算达成度;A(Achievable):目标可达成,目标不要多,太多目标等于没有目标;R(Rewarding):目标要有一定意义,让人感觉目标一达成,付出的辛苦是值得的;T(Time Bounded):有明确时间限制的。

根据 SMART 原则设立职业目标
职业目标
未来在自己从事的领域卓有成效
职业目标(SMART 原则)
我希望在 35 岁的时候,在国内应急管理领域,成为一名有影响的大学教授。除了发表一些高水平的论文,还能为国家应急管理做些有价值的事情

(4)目标必须有一定挑战性。如果目标缺乏挑战性,那么不仅对达成理想无益,而且会让目标缺乏足够的吸引力。具有适度挑战性的目标可以激发人的潜能和创造力,当目标完成后,个体会获得更大的成就感和满足感,有利于自身的成长和进步。

(5)目标应与国家发展相结合。习近平总书记在考察南开大学时强调:"我们现在迎来了从站起来、富起来到强起来的阶段,我们要把学习的具体目标同民族复兴的宏大目标结合起来,为之而奋斗。"只有把小我融入大我,才会有海一样的胸怀,山一样的崇高。当代大学生在树立学习目标、职业目标时,应肩负时代责任,把个人的目标与国家发展结合起来,做有理想、有追求的大学生。

2. 提高学习力

在迅速变化的现代社会里,新事物、新科技、新观念不断出现,只有养成终身学习的习惯,不断提高学习力,才能紧跟时代的发展变化,实现更大的个人价值。提高学习力包括提高自主学习能力和合作学习能力。

(1)提高自主学习能力。相比中小学生,大学生受到老师和家长的直接干预管理较少,有更多的自由时间。因此如何利用好自己的时间,按照学业目标自主制定计划并执行计划,是一种非常重要的能力。

(2)提高合作学习能力。合作学习是指以小组为基本单位,成员参与到小组中明确分工,共同完成集体任务,达成共同学习目标的学习模式。合作学习是现代社会的必备能力之一,美国教育学家约翰逊兄弟创立了"合作学习中心",提出了合作学习的5个要素:小组成员间积极的相互依赖关系、面对面的相互促进作用、不可推卸的个人责任、社会交往技能和小组合作技能、小组内部的自我评价。在这种学习模式下,小组成员在团队中互帮互助、交流合作、信息共享、资源优化配置,学会与他人积极沟通、友好合作,从而使每个小组成员在原有的基础上获得进步。

3. 提高领导力

"现代管理之父"彼得·费迪南·德鲁克(Peter Ferdinand Drucker)认为:领导能力是把握组织的使命并动员人们围绕这个使命奋斗的一种能力。领导力从本质上讲是一种影响力。提高组织领导力,可以从培养创新精神、提高团队影响力两个方面做起。

(1)培养创新精神。习近平总书记指出:"问题是创新的起点,也是创新的动力源。只有聆听时代的声音,回应时代的呼唤,认真研究解决重大而紧迫的问题,才能真正把握住历史脉络、找到发展规律、推动理论创新。"这就要求我们善于敏锐地观察旧事物的缺陷,从人们都习以为常的现象中发现问题并提出问题,捕捉到别人都没有注意的细节和需求,从而提出大胆新颖的猜测和想法,并付诸实践。在很多时候,发现问题比解决问题更重要。我们在思考问题时,要把发散型思维和聚合型思维结合起来,既要从多角度看待问题,灵活解决问题,打破惯性思维,又要善于逻辑推理,从已有的信息和方案中进行总结和归纳。

(2)提高团队影响力。一个优秀的领导者,必然要学会尊重团队中其他成员的意见和意愿,善于沟通协调,加强团队的凝聚力,鼓舞成员们的士气。这就要求大学生多参加社会组织或社团活动,多服务大家,并在服务管理中提高自己的领导力和影响力。

4.增强变通力

"变通"一词,最早出自《易·系辞上》中"变通莫大乎四时",表明农业生产生活要随着春夏秋冬的交替而变化通达。变通力,简单来说,就是指根据不同的情况善于随机应变的能力,不拘泥于某种已设定的僵化的思维框架。在快速变化的现代社会中,学会灵活变通,打破惯性思维,提高变通力,是大学生必须掌握的一种能力。要提高个人的变通力,不仅要在人际交往的过程中学会灵活变通,还要能够在团队中扮演各种角色,与不同的人深入交流、保持热情友好关系。例如在与老师的人际沟通中,要注意保持谦逊的态度,聆听老师讲话时要表现出认同与受教,在老师讲话结束后,可以简单复述老师的讲话内容,以保证准确理解老师表达的意思;在与同学的人际交往中,要保持平等和真诚的心态,多说"请""麻烦""谢谢",要关心、尊重同学,建立友谊,缩短彼此的心理距离。

5.增加专业能力

大学生应充分利用学校提供的各类机会夯实专业理论基础,利用高校师资力量和科学的培养计划、课程安排学习专业知识,除了通过专业课学习基础知识以外,还可以积极尝试参与学业导师的课题和项目,进入本专业的实验室,拓宽知识面。另外,大学生可以向学校申请出国交流的机会,通过更广阔的平台来丰富自己的专业知识和技能;积极参加校外实习培训和社会实践,校外实习培训、社会实践也有利于提高专业素养、了解本专业的主流研究方向和应用情况,有利于提前了解本专业就业前景和用人标准等。

四、能力与职业的关系

能力和人的职业活动、个人发展密不可分。人的职业能力各不相同,有人善于言语交谈,有人善于操作,有人善于理论分析,有人善于事务性工作。每个人都有自己独特的能力结构,而社会上的职业也是多种多样的,各种职业对从业者的能力要求也不同,有的需要言语能力,有的需要计算能力,有的需要动手能力。大多数职业活动都要求特定的能力组合,具备这种能力组合的人,就能很好地胜任这份工作,同时促进个人职业发展。

能力与职业的关系表现在以下两个方面:

(1)任何一个职业岗位都有相应的岗位职责要求,一定的职业能力则是胜任某种职业岗位的必要条件。职业能力是个人发展、创造的基础,是成功完成某种任务或胜任工作必不可少的基本因素,没有能力或能力低下,就难以达到岗位要求,不能胜任工作。个体的职业能力越强,各种能力越是综合发展,越能促进人在职业活动中的创造和发展,取得较好的工作业绩,获得职业成就感。

(2)职业实践促进职业能力的发展。职业能力是在实践的基础上得到发展和提高的,个人长期从事某一专业劳动,能促进人的能力向高度专业化发展。例如,计算机文字录入人员随着工作的熟练和经验的积累,录入的速度会越来越快,准确性也会越来越高。个体的职业能力只有在实际工作中才能不断得到发展、提高和强化。

因此,个人在选择职业发展,以及与之相关的专业学习方向时,应重点考虑能发挥自己得分最靠前、最擅长的几种能力倾向的领域。

第五节　职业价值观

青年的价值取向决定了未来整个社会的价值取向,而青年处在价值观形成和确立的时期,抓好这一时期的价值观养成十分重要。人生的扣子从一开始就要扣好。职业价值观对大学生成长和社会发展至关重要。

一、什么是职业价值观

价值观是人们关于什么是价值、怎样评判价值、如何创造价值等问题的根本观点。价值观代表一系列基本的信念,从个人或社会的角度来看,某种具体的行为类型或存在状态比与之相反的行为类型或状态更可取。价值观是一种内心尺度,它凌驾于整个人性之上,支配着人的行为、态度、观察、信念、理解等,支配着人认识世界、明白事物,以及自我了解、自我定向、自我设计的过程,也为人自认为正当的行为提供充足的理由。它指向人一生中最重要的东西,因此,价值观是一套自我激励机制。

职业价值观也称职业意向,是个人对某一职业的价值判断,表明他对职业的认识和态度,以及对职业目标的追求和向往。同时,职业价值观还是人们在选择职业时的一种内心尺度,是最希望从职业中获得的东西。职业价值观具有以下特性。

1. 职业价值观是因人而异的

每个人的先天条件和后天经历不同,其职业价值观的形成会受到不同的影响,因而每个人都有自己独特的价值观和价值观体系。

2. 职业价值观是相对稳定的

价值观是人们思想认识的深层基础,一旦形成,便会相对稳定,但当自身状况和外界环境发生较大变化时,职业价值观也会随之改变,需要不断澄清筑牢。

3. 职业价值观是分阶段的

按照马斯洛的需求层次理论,人的需求从低到高分为 7 个层级,低层次的需求得到满足之后,就会产生更高层次的需求。随着某一阶段的自身需求得到满足,新的职业价值观也会随之产生并确定下来。

4. 职业价值观是多元的

人的职业价值观不是唯一的，择业时会受几个动机支配。人们常常为选择感到痛苦，就是因为个人的职业价值观不唯一，而在某职业中又难以得到全部满足，所以患得患失。

二、价值观与职业的关系

价值观与职业有一定的匹配性，价值观在一定程度上支配着人们的职业选择和职业目标。反过来说，职业经历也可能会改变人们的价值观。由于所受教育的不同和所处环境的差异，人们在职业取向上的目标和要求也是不同的。价值观与职业的最佳匹配能使人们的工作更有效率，大大提升人们的职业稳定性和满意度。例如有人认为从事产品销售的业务员需要处处求人，低人一等，而有人认为产品销售最能锻炼自己的能力，今后到哪都有用武之地，那么后者则更适合从事销售工作，销售能带给他更大的成就感和效能感。价值观与职业的关系可以通过职业锚做进一步的理解。

1. 职业锚理论

职业锚（Career Anchor）又称为职业系留点，是人们选择和发展自己的职业时所围绕的中心，是指当一个人不得不做出选择的时候，无论如何都不会放弃的职业中的那种至关重要的东西或价值观，是自我意象的一个习得部分。职业锚理论（职业定位理论）是美国的职业指导专家埃德加·H.施恩（Edgar H. Schein）教授领导的专门研究小组，在对麻省理工斯隆商学院 MBA 毕业生的职业生涯研究中形成的。

（1）职业锚以员工习得的工作经验为基础。职业锚发生于早期职业阶段，新员工工作若干年，习得工作经验后，方能选定自己稳定的长期贡献区。个人在面临各种各样的实际工作生活情境之前，不可能真切地了解自己的能力、动机和价值观，以及在多大程度上适应可行的职业选择。因此,新员工的工作经验产生、演变和发展了职业锚。换句话说。职业锚在某种程度上由员工实际工作所决定,而不是取决于潜在的才干和动机。

（2）职业锚不是测试出来的能力、才干或者作业动机、价值观,而是员工在工作实践中,依据自省和已被证明的才干、动机、需要和价值观,现实地选择和准确地进行职业定位。

（3）职业锚是员工自我发展过程中的动机、需要、价值观、能力相互作用和逐步整合的结果。

（4）员工个人及其职业不是固定不变的。职业锚,是个人稳定的职业贡献区和成长区。但是,这并不是意味着个人将停止变化和发展。员工以职业锚为其稳定源,可以获得该职业工作的进一步发展,以及个人生物社会生命周期和家庭生命周期的成长、变化。此外,职业锚本身也可能变化,员工在职业生涯的中后期可能会根据变化了的情况,重新选定自己的职业锚。

2. 职业锚与职业选择

职业锚有8种类型,可以通过测试量表测试出其类型,见表3-9。

表3-9 职业锚与职业选择倾向

类型	表现	职业倾向
技术/职能型	喜欢探讨和钻研技术,在做出职业选择和决策时主要精力放在自己正在干的实际技术内容和职业内容上	工程师,飞机机械师,研究型大学教师,计算机程序员,企业研发、技术主管等
管理型	对管理工作感兴趣,具有很强的分析能力、人际能力和感情能力,在职业实践中培养出,也相信自己具备胜任责任管理所必不可少的技能和价值观	高级管理顾问、总经理等公司高管
自主/独立型	有强烈的创造欲望,时时追求建立或创造完全属于自己的成就	教授、自由职业者、小资产所有者、大型组织中的研发人员等

续表

类型	表现	职业倾向
安全/稳定型	依赖组织或社区对他们能力和需要的识别和安排,追求稳定安全的前途;可分为组织中成员资格的稳定和以地区为基础的安全和稳定	公务员、教师、医生、银行职员
创造/创业型	崇尚自由和自我才能的发挥,追求的主要目标是随心所欲地制定自己的步调、时间表、生活方式和工作习惯,尽可能少地受组织的限制和制约	自主创业者、企业家、创业家
服务/奉献型	一直追求他们认可的核心价值,即使离开组织	医师、护士、社会工作者、物业管理
挑战型	喜欢解决看上去无法解决的问题,战胜各种不可能的目标	刑警、科考队员、高级管理顾问
生活型	喜欢允许平衡个人需要、家庭需要、职业需要的工作环境,需要能够提供足够的弹性来实现目标的环境	自由工作者、图书管理员、设计师、动漫绘图师

三、了解自己的职业价值观

职业价值观标示着一个人通过工作所要追求的理想。职业价值观是个体在工作中所看重的原则、标准或品质,指向职业中最重要的东西,因此它也是一套自我职业激励机制。人们在职业或生活中有矛盾冲突,常常是出于价值的考虑。了解自己的职业价值观的方式较多,大学生可以通过以下几种方法进行探索。

1. 自我评价法

大学生可以问自己以下一些问题:最想从职业中获得什么? 如果不考虑任何外界压力,最想从事的职业是什么? 职业选择中,最重要的价值是什么? 无论如何都不愿意放弃的职业理想是什么? 等等。

2. "我的五样"心灵游戏

第一,请用纸写下你一生中最想拥有的五样东西;第二,假如你现在遇到一些变故,不得不放弃其中的一样东西,你首先会放弃哪一样? 第三,你又遇到人生的低谷,不得不放弃其中的一样东西,你会放弃哪一样? 第四,当你被迫再次放弃其中的一样东西,你会放弃哪一样? 第五,生活有时候就是不公平,当你不得不在最后两样东西中选择,你会放弃哪一样? 第六,看看最终你留下的是什么? 为什么对你如此重要? 留下的最后一样就是生命中最珍视的人或事,也是对一个人最有价值的东西。

3. 职业价值观测试

职业价值观测量量表比较多,比较权威的有 WVI(Work Values Inventory)职业价值观测量表、职业锚测量等。

(1)WVI 职业价值观测量表。WVI 职业价值观测量表是国际通用的权威性职业价值观量表,是由美国心理学家舒伯于 1970 年编制的,用来衡量人们工作中和工作以外的价值观,以及激励人们工作目标。该量表将职业价值分为 3 个维度。一是内在价值观,即与职业本身性质有关的因素;二是外在价值观,即与职业性质有关的外部因素;三是外在报酬,共计 13 个因素,即利他主义、美感、智力刺激、成就感、独立性、社会地位、管理、经济报酬、社会交际、安全感、舒适、人际关系、变异性或追求新意。人们依据这些因素形成了不同的职业价值观。

①利他主义:自己的工作能够为集体和社会作出贡献。

②美感:在工作上追求美感与艺术氛围。

③智力刺激:希望工作内容追求创意,善于发展新事物。

④成就感:使自己的专业和能力得以全面运用和施展,实现自身

价值。

⑤独立性：在工作中能有弹性，不想受太多的约束，自由度高。

⑥社会地位：工作的目的主要是改善生活质量，显示自己的身份和地位。

⑦管理：有较高的权力欲望，使他人照着自己的意思去行动。

⑧经济报酬：工作能明显地改变自己的经济状况，薪酬是选择工作的重要条件。

⑨社会交际：能够经常与人交往，建立广泛的社会联系。

⑩安全感：工作稳定，不必担心裁员和被辞退，生活安定有保障。

⑪舒适：工作环境舒适宜人，设备完善，人与人之间和睦相处。

⑫人际关系：人际关系非常重要，能够在一个和谐、友好的环境工作。

⑬变异性：工作的内容经常变换，工作和生活丰富多彩，不单调枯燥。

同学们可以通过 WVI 职业价值观量表测试，来了解自己的职业价值观，探索自己在选择职业时会优先考虑哪种价值，进而为自己的职业生涯规划提供参考。

（2）职业锚测量。职业锚测量是指依据职业锚理论测量职业价值观的方法。

职业锚问卷（Career Anchor Questionaire）包括 8 个维度（8 种职业锚），40 道题，是职业测评运用最广泛、最有效的工具之一。8 种职业锚分别为技术/职能型职业锚、管理型职业锚、自主/独立型职业锚、安全/稳定型职业锚、创造/创业职业锚、服务/奉献型职业锚、挑战型职业锚、生活型职业锚。职业锚是个体在工作实践中，已被证明的职业价值观，相对比较稳定，但在职业生涯的中后期个体可能会根据变化了的情况,重新选定自己的职业锚。

四、价值观与现实的冲突

很少有工作能够完全满足一个人所有的重要价值观,生活中也是如此。如果个人价值观与公司文化、职场规则、职位要求等发生冲突,那么应该怎么做呢? 以下是几点建议可供同学们参考。

1. 如果不能改变现实,那就努力适应现实

很多人都会面临价值观与现实冲突的困境,面对这些困境,人们不可避免地会妥协或放弃,这也是必要的。职业价值观是阶段性的人生价值排序,同学们需要对自己的价值观进行澄清和排序,才知道如何取舍。

当发现自己的价值观与工作冲突时,可以放下成见,探索、了解职场的生存法则,理解规则的合理性,通过求同存异的方式减少痛苦、避免冲突。身在职场中,我们要按照规则而非喜好做事。适应公司的企业文化和职场规则是每一个职场新人的必修课。换个角度思考,我们的价值观与工作冲突,也可能源于我们自身的期待太高。一个公司能够正常运转,内部机制和企业文化虽不是最完善的,但有在市场生存的基本能力,我们可结合实际情况降低对公司的过高期待与要求。

2. 在有足够的把握下改变职业现状,选择更适合自己的行业或单位

工作多种多样,工作模式和工作要求不尽相同,但任何工作的核心要求基本一致,敬业、勤奋、认真、务实、合作、积极、学习意识等核心素质是每个员工都应该具备的。在职场中能否走得长远,并不取决于有没有过硬的背景、是否身居要职、是否身怀丰富的工作经验,而取决于是否具备核心素质。这是工作要求,也是职场成功的必备

条件。掌握了职场所需的核心技能,我们才有底气去改变现实,按照自己的价值观行事,放弃现有的工作,跳槽到与自己价值观相匹配的行业或单位。

我们的职业选择掌握在自己手里,这就意味着我们愿意为我们的梦想付出努力和准备。在走向梦想的同时,我们要不时回过头来看自己,重新评估我们的梦想,了解我们愿意为自己的梦想付出多大的代价。

📖 本章小结

(1)职业生涯规划的基础是准确的自我认知,自我认知可以从了解自己的气质、性格兴趣、价值观、能力等方面进行。

(2)兴趣、性格都与职业有关,在确立职业目标时,应该尽量做到切合自身特点,扬长避短。

(3)能力是人们顺利完成某种活动所必备的个性心理特征。任何一种活动都要求参与者具备一定的能力,而且能力直接影响活动的效率。

(4)价值观对人们自身行为的定向和调节起着非常重要的作用。价值观决定人的自我认识,它直接影响和决定一个人的理想、信念、生活目标和追求方向。

📖 复习思考题

1.根据本章提供的工具和方法,对自己的兴趣、性格、能力、价值观等方面进行了解,总结出自己的优势与不足。

2.根据本章提供的建议,结合自身特点,选出一些与自身条件相符的职业目标。比较分析自己与职业目标之间的差距有哪些。

3.职业兴趣、职业性格是什么? 分别有哪些类型?

4.列举出对自己而言最重要的几条价值观,分析价值观对自己的影响。

5.用 STAR 法撰写 5 个以上的成就故事,分析其中的技能,并按照重要性进行排序。

案例分析

小张是计算机专业的大一学生,他想知道自己将来是否能胜任互联网大厂"码农"工作,也想知道是否还有其他职业选择。在职业生涯规划课堂上,老师介绍了 STAR 成就故事分析法,这是一种分析个人职业能力的有效方式。小张同学在老师的指导下按照 STAR 法则撰写了自己成长过程中的 3 个成就小故事,从中总结和归纳出自己的潜在职业能力,对自己适合并胜任的职业有了进一步清晰的认识。

第一步:撰写成就故事

故事 1:(S)高中参加机器人大赛,由于比赛时间很紧,又是第一次参加这种正式的大型机器人比赛,我的技能与知识经验都不够丰富。(T)我下定决心要通过学习快速掌握制作机器人所需要的基本能力。(A)我每天晚自习结束后与周末进行 1~3 小时的拆装练习,自行摸索或请教指导老师,逐步掌握了这项比赛所需要的基本技能,如单片机的使用、C 语言编程、手绘图形的能力等。(R)一个月后,我克服了最大的难关,加上调试程序能力还行,最终在省赛上夺魁。

故事 2:(S)第一学期末,一门核心课程需要组织一场辩论赛,上课的同学们都不太了解辩论赛的比赛内容和机制。(T)需要选出一名组长带领大家准备、参与辩论赛,我因高中时有过辩论赛经历,于是毛遂自荐,想当好这场辩论赛的领导者。(A)我结合以往的经验与网上学习的知识和技能,在辩论赛开场时活跃气氛,在辩论过程中把握纪律、规则、时间,在关键时刻挽回辩手的冷场和过激情绪,在辩论结束时也进行了总结。(R)结果辩论赛讨论热烈而不失秩序,同学们也都积极参与,得到了锻炼,我也得到了校辩论队指导老师韩教授的点赞。

故事3:(S)大一刚入学的班会上,老师带领我们竞选班长和其他班委。(T)我对班长职位跃跃欲试,希望在服务老师和同学的同时,锻炼自己的社交能力和领导组织能力。(A)在上台竞选之前,我提前准备了相对正式的衣服,练习我的仪态和表情,想为同学们留下好的第一印象。我精心准备了3~5分钟的演讲稿,用幽默诙谐的语言向同学们表达了我竞选班长的决心和能力,以及未来的工作计划。(R)我很荣幸获得了同学们的多数投票,顺利当选了班长。

第二步:个人能力分析

(1)找关键行为。从故事中将表现关键行为的句子提炼出来。

(2)总结和提炼关键动词。在关键行为例句中,通过直接提取关键动词或对照标准能力素质词典归纳总结出反映能力状况的动词,力求穷尽。

(3)行为编码。将这些动词按特定序号编码。

(4)行为归类合并。将内涵和外延相同或相近的行为合并同类项,同时从几个维度标注出该行为所包含的主要解释。

(5)能力项验证。通过与老师、辅导员、专业人员等进行讨论验证,从多角度论证所提炼的行为代表了特定的能力。

(6)列举能力项。最终列举出反映上述故事中主人翁的能力项。

第三步:就业能力归纳

就业能力		支持事件	运用在哪些类型的职业
知识技能	机器人编程与程序调试能力	故事1	计算机技术性职业
自我管理技能	积极主动	故事1、2、3 (请教老师,克服最大难关,毛遂自荐,竞选班长)	任何职业
	自信	故事3 (获得多数投票,顺利当选)	

续表

就业能力		支持事件	运用在哪些类型的职业
可迁移技能	观察能力	故事 3 (准备衣服,练习仪态,留下好的第一印象)	管理者、销售、记者、教师等与人打交道的职业
	语言表达能力	故事 3 (用幽默诙谐的语言表达了竞选班长的决心和能力)	
	组织能力	故事 2 (活跃气氛,把握纪律、规则、时间,调节情绪,进行总结)	
	快速学习的能力	故事 1 (拆装练习,自行摸索)	

　　小张通过分析发现,自己具有较好的学习能力,能在较短时间内掌握计算机基本技能,将业做程序员比较合适,同时,他发现自己的沟通能力、组织能力较好,做与管理相关的职业也是可行的。

案例讨论

　　1.小张具有哪些就业能力? 除了他自己归纳的能力,你还能帮他发现更多吗?

　　2.你觉得 STAR 法还可以运用在哪些方面?

活动锻炼

职业目标自测

一、适合自己兴趣的职业

　　1.你的霍兰德兴趣类型(用 3 个字母表示):_____。

　　2.你的兴趣偏向(在□内打✓):□物－人□,□数据－观念□。

3. 根据霍兰德六边形, 你的兴趣是大三角还是小三角？请在下图画出来。

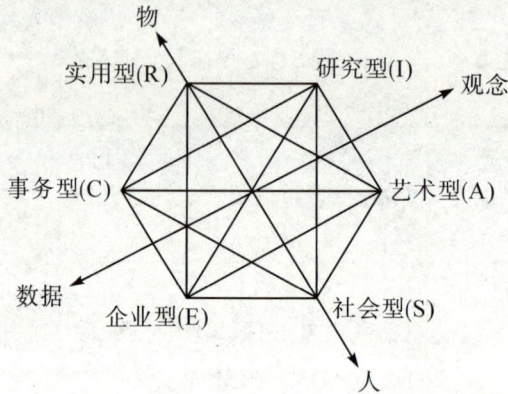

4. 你对霍兰德类型的自我认同。在霍兰德类型中, 我觉得比较符合我自身情况的描述（请用 5 个关键词表示）:

——————　——————　——————　——————

5. 霍兰德兴趣类型与职业。根据霍兰德兴趣类型偏好, 从相关资料挑出你最感兴趣的 10 种职业。

1.	2.
3.	4.
5.	6.
7.	8.
9.	10.

二、适合自己性格的职业

1. 我的 MBTI 的性格偏好是（用 4 个字母表示）:_____。

（其中 E 外倾 – I 内倾、S 感觉 – N 直觉、T 思考 – F 情感、J 判断 – P 知觉）

2. MBTI 的自我认同。根据 MBTI 维度解释表和 MBTI16 种性格及其通常具有的特征表中对 MBTI 类型的描述, 你认为最能描述自己

性格的语句(请用5个关键词表示):

_____ _____ _____ _____ _____

　　3. MBTI 与职业。根据 MBTI 类型偏好,从相关资料挑出你最想从事的10种职业。

1.	2.
3.	4.
5.	6.
7.	8.
9.	10.

三、适合自己价值观的职业

1. 你的职业锚:_____。

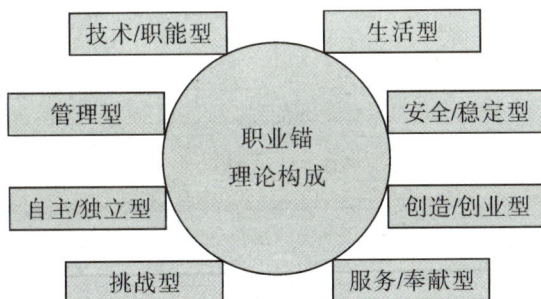

职业锚理论构成图

2. 你觉得适合自己职业锚的职业有哪些?

1.	2.
3.	4.
5.	6.
7.	8.
9.	10.

四、自己能力能胜任的职业

大学生就业力自评量表

请您对自己就业能力进行一定的评价	非常不符合	较不符合	一般	较为符合	非常符合
1. 我在小组中有一定影响力	①	②	③	④	⑤
2. 我善于交流沟通化解矛盾	①	②	③	④	⑤
3. 我有灵活地应用各种技术、资源来解决问题的能力	①	②	③	④	⑤
4. 我善于引导话题	①	②	③	④	⑤
5. 我有强烈的进取心和成功欲望	①	②	③	④	⑤
6. 面对突发事情,我能镇定思考	①	②	③	④	⑤
7. 我有思想主见	①	②	③	④	⑤
8. 我有较好的逻辑推理能力	①	②	③	④	⑤
9. 我善于给人留下好印象	①	②	③	④	⑤
10. 我敢于迎接新挑战	①	②	③	④	⑤
11. 我有对信息进行分析综合等思维加工的能力	①	②	③	④	⑤
12. 我能洞悉别人的感受和情绪并理解他人	①	②	③	④	⑤
13. 我尊重团队成员意见	①	②	③	④	⑤
14. 我不墨守成规,有创新精神	①	②	③	④	⑤
15. 我诚实守信	①	②	③	④	⑤
16. 我有快速准确抽取信息的能力	①	②	③	④	⑤
17. 我自信乐观	①	②	③	④	⑤
18. 我对发展方向和职业道路认识清晰	①	②	③	④	⑤
19. 我思考周密安排周到	①	②	③	④	⑤
20. 我了解用人单位的岗位标准和内涵	①	②	③	④	⑤
21. 我善于控制自己情绪,理性解决问题	①	②	③	④	⑤
22. 我善于根据信息变化来及时调整自己的观点和行为	①	②	③	④	⑤
23. 我善于书面表达	①	②	③	④	⑤
24. 我能很好地理解问题的本质	①	②	③	④	⑤

续表

请您对自己就业能力进行一定的评价	非常 不符合	较不 符合	一般	较为 符合	非常 符合
25. 我有同时应付多项任务的能力	①	②	③	④	⑤
26. 我能根据需要快速进行精确计算	①	②	③	④	⑤
27. 我掌握了简历制作技巧	①	②	③	④	⑤
28. 我掌握了面试技巧和问题	①	②	③	④	⑤
29. 我有信息技术应用能力	①	②	③	④	⑤
30. 我积极主动地表现给人留下深刻印象	①	②	③	④	⑤
31. 我能在团队中扮演各种角色	①	②	③	④	⑤
32. 我与不同的人能深入沟通	①	②	③	④	⑤
33. 我坚信自己的观点,勇于表达并能获得认可	①	②	③	④	⑤
34. 我对不同的人都能做到友好热情	①	②	③	④	⑤
35. 我善于在不同情境下果断决策	①	②	③	④	⑤
36. 我能适应不同需求自主学习	①	②	③	④	⑤
37. 我勤奋踏实地学习、工作	①	②	③	④	⑤
38. 我有快速适应新环境的能力	①	②	③	④	⑤
39. 解决问题的过程中,我善于对关键程序和环节科学合理思考	①	②	③	④	⑤
40. 我善于了解并认同用人单位的企业文化	①	②	③	④	⑤
41. 我有缓解压力的能力	①	②	③	④	⑤
42. 我专业成绩不错	①	②	③	④	⑤
43. 我专业知识掌握不错	①	②	③	④	⑤
44. 我专业技能不错	①	②	③	④	⑤
45. 我英语水平不错	①	②	③	④	⑤

评分与评价

上面的45道题分别代表就业力的不同维度,分别按照对应的数字计算得分。

得分题号就业力说明:

①领导力 1~14 题:指大学生在组织中表现出的领导品质和影响力。

②目标感 15~26 题:指大学生有明确的目标并擅长目标管理,具有实现目标的良好品质及行动策略。

③变通力 27~34 题:指大学生在多元文化和组织中表现出的灵活应变能力。

④学习力 35~41 题:指大学生在信息化和数字化社会中具有自主、主动、快速的学习能力。

⑤专业能力 42~45 题:指大学生在多元文化和组织中表现出的灵活应变能力。

1.你的就业力情况:

(1)领导力得分_____。

(2)目标感得分_____。

(3)变通力得分_____。

(4)学习力得分_____。

(5)专业能力得分_____。

2.你觉得自己的就业力能胜任哪些职业?

1.	2.
3.	4.
5.	6.
7.	8.
9.	10.

五、适合自己的职业库

根据自我认知(兴趣、性格、能力、价值观)的结果确定 5 个高权重预期职业,大体锁定未来的职业目标。

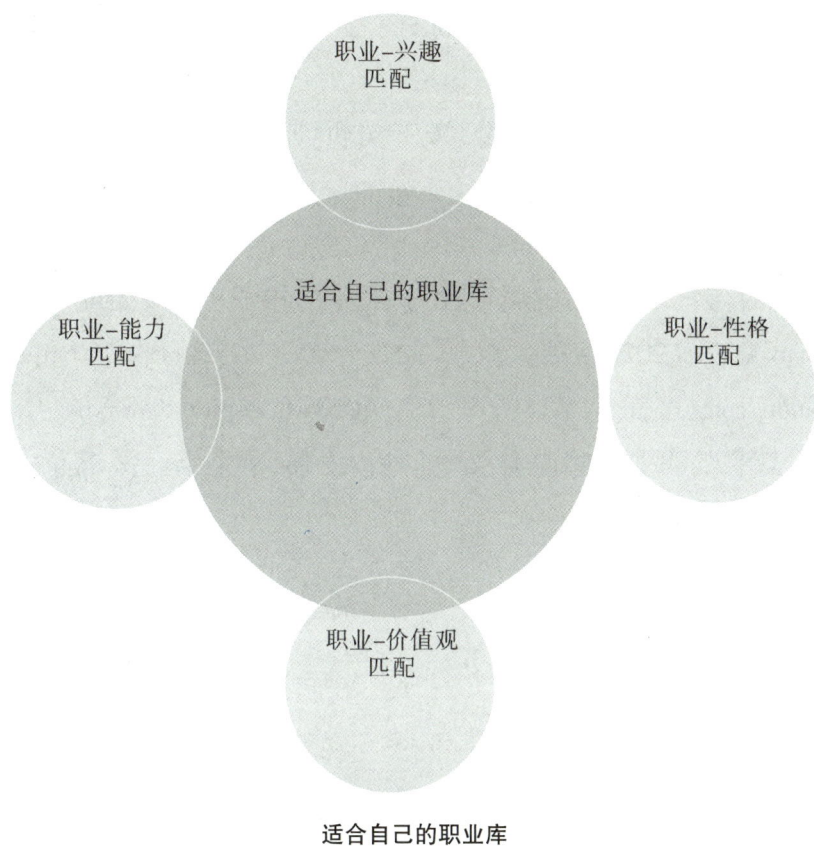

适合自己的职业库

本章参考文献

[1]陈磊,张晓敏,黄利梅,等. 大学生职业发展教育[M].重庆:重庆大学出版社,2018.

[2]王长青. 大学生职业生涯规划与发展[M].南京:南京大学出版社,2017.

[3]曲振国.大学生就业指导与职业生涯规划[M].北京:清华大学出版社,2018.

[4]杨红英.大学生职业生涯规划[M].昆明:云南大学出版社,2015.

[5]汪永芝,赵英.职业生涯规划与实践[M].北京:清华大学出版社,2017.

[6]周丽云.领导干部须在"专"上下实功[EB/OL].(2018－11－02)[2021－09－25].http://theory.people.com.cn/n1/2018/1102/c40531－30378415.html.

[7]中国青年报.习总书记嘱咐我们"人生的扣子从一开始就要扣好"[EB/OL].(2020－07－06)[2021－09－25]. https://baijiahao.baidu.com/s? id＝1671416655523720101&wfr＝spider&for＝pc.

[8]邓宁.你的职业性格是什么?[M].王瑶,邢之浩,译.北京:电子工业出版社,2019.

本章金句

第四章 如何进行职业选择？

↱ 情境导入

小慧是社会学专业大三学生，她从小喜欢看书、写东西，享受自己思考的过程。刚上大学的时候，她想成为一名作家，就开通了微信公众号，发表文字作品，但公众号阅读量不高，慢慢地她失去兴趣，不再更新。大一暑假，她参加学业导师课题组的留守儿童调研活动后，对留守儿童心理问题产生了研究兴趣，就想继续读研究生，博士毕业后成为一名大学老师，但参与了几次课题例会后，她感觉做学术研究与想象中的不一样，自己好像不太合适。在听了一次选调生就业分享以后，她又希望自己考选调生或公务员，成为一名基层干部，但听说公务员考试和选调生考试竞争很激烈，她又犹豫了。一个学姐告诉她，找工作的时候企业招聘、公务员、事业单位考试都可以试一试，她迷茫了，她觉得时间有限，不想什么都尝试，想知道应该如何进行职业选择？职业选择的时候应该考虑哪些问题？希望这章内容能帮她答疑解惑。

📑 内容摘要

职业选择是职业生涯发展规划中最重要的环节之一，是对职业发展方案和职业发展方向做出审慎决定的系统过程。很多大学生感觉就业压力大,对未来感到迷茫,一个很重要的原因就是面对多种职业选择的时候不知道该怎么办。本章首先介绍提高职业决策能力的方法和途经,其次介绍如何选择目标职业。

🎯 教学目标

思政层面

· 根据国家发展需求进行职业选择。

知识层面

· 了解职业决策类型与基本原则。

· 了解行业、职能、组织的特点。

技能层面

· 掌握职业决策的程序和方法。

人们今天的生活与多年前的选择密切相关,而今天的选择影响未来的生活。因此,大学生如何在众多的职业机会中做出选择非常重要。经过前面的职业探索和自我探索,大学生已经基本锁定了一些自己感兴趣的职业。希望本章内容能帮助大学生提高职业决策能力,进行职业定位,进而锁定职业目标。

第一节　提高职业决策能力

决策是管理学上的重要概念之一,指决定的策略或办法,是人们为各种事情出主意、做决定的过程。职业决策是一个复杂的思维操作过程,是信息搜集、加工,最后做出判断、得出结论的过程。在现代职业生涯发展过程中,人们会越来越多地面临多重选择的境地,有时需要选择一个职业而放弃另一个乃至其他多个职业。

一、职业决策的概念

职业决策又称为职业生涯决策或职业决定。广义的职业决策是指一个完整的职业规划过程。狭义的职业决策是指职业规划过程中的一个环节,其目的是选择最优的职业发展方向,这就需要大学生根据主客观条件,经过一系列的分析、判断、比较、筛选,确立个人的目标职业。

现实生活中,经常有这样一些大学生,他们对自己的性格、兴趣、价值观、能力分析得非常透彻、合理,也了解了大量相关的职业信息,但不知道如何做出正确的决策。究其原因,很多大学生缺乏必要的决策知识和技巧,无法做出科学决策。了解科学的职业决策有助于大学生理性选择职业。

二、职业决策的类型

决策类型是指不同的人在决策方式上所表现出的习惯偏好,是人们在做决策时表现出的比较稳定的决策态度、习惯、方式等综合特征。决策类型又叫作决策风格,它对做事的效果和效率影响很大。决策者对职业、自身的了解和决策时的价值追求不同,所采用的职业决策类型就会不同,通常有以下几种。

1.理智型

理智型决策个体能够认真分析自己和外部职业社会,综合考虑各方面因素,果断自信地决定自己的职业定位与职业方向,敢于自我承诺、自我挑战,有计划、有策略、有控制地发展自己的职业生涯,合理动态地管理自己的职业发展。理智型是比较受推崇的决策类型,强调综合全面地搜集信息、理智地思考和冷静地判断,是以周全的探索、对选择的逻辑性评估为基础。

2. 直觉型

直觉型决策个体将自己的直觉和感觉作为决定的基础。他们通常说不出什么理由，一味表示"就是觉得这个好"。直觉在人们对环境情况无法获得充分信息的时候会比较有效，但它可能不符合事实，有时候，人们的判断可能会因自身先入为主的偏见而产生较大的误差。直觉型的决策风格以自我判断为导向，在信息有限的情况下可以快速地做出判断，当发现错误时能迅速改变决策。由于直觉型决策以个人直觉而不是理性分析为基础，决策发生错误的可能性较大，因此易造成决策的不可靠。

3. 依赖型

依赖型决策个体以寻求他人的指导和建议为特征。"你帮我做决定吧"，依赖型的决策者常常这样说。他们顺从于别人的计划而不是独立地做出自己的决定，也常说："他们都这样选择，所以我也这样选择了。"比如很多大学生一窝蜂似的争取出国、考研、考公务员，只因为"大家都这样做"。从众的人虽然地在追随群体的过程中获得了一种虚假的安全感，但却忽略了自身的独特性，造成他们的选择在很大程度上并不适合自己。他们在不必费心思的同时，牺牲了对生命可能有的满足感。依赖型的决策者往往不能承担自己做决策的责任，因此可能因为简单地模仿他人的行为而出现负面的反应。依赖型的决策者需要区别并确定所依赖的人对自己的重要程度。

4. 回避型

回避型决策个体以试图回避做出决策为特征。他们常说："我不想做决定，随它去。"回避型的决策风格是一种拖延、不果断的方式。面对决策问题会产生焦虑的决策者，往往因为害怕做出错误决策而采取这样的回避反应。这是因为决策者不能承担做决策的责任，而倾向于不考虑未来的方向，不去做准备，也不思考，更不寻求帮助。所以，大学生只有意识到自身的决策类型及其可能造成的危害，努力调试,增强职业生涯规划的意识和动机,才能从根本上得到帮助。

5. 拖延型

拖延型决策个体习惯将对问题的思考和行动都往后推迟。"过两天再说"是他们的口头禅。"我还没准备好找工作,所以打算先考研"也是这种方式的体现。拖延型的人心中经常抱有这样的希望:也许事情过几天就自动解决了。然而,问题并不会自动解决,有时候甚至会越拖越严重。如果你现在不知道该怎么找工作,那么读完研究生也未必就能知道。

6. 宿命型

宿命型决策个体不愿承担责任,而将命运寄托于外部环境的变化。他们会说"该怎么的就怎么吧"或是"我这个人永远也不会走远"之类的话。当一个人将自己生活的主导权交给外部环境的时候,就很容易觉得无助和无力。这样的人容易成为外部环境的"受害者",怨天尤人,却没想到自己的处境正是由于自己放弃了对生命的"主权"而造成的。

7. 瘫痪型

瘫痪型决策个体可能在理性上接受了应当自己做决定的理念,但无法开始决策过程。他们知道自己应该开始了,可在内心深处总笼罩着"一想到这事就害怕"的阴影。事实上,他们无法真正为决策和决策的后果承担责任,而这种害怕承担的心理可能源于家庭在其成长过程中长期的不当养育方式。

三、职业决策的基本原则

任何决策都要遵循一定的规律,符合特定的原则。职业决策作为人生的重大决策,更要遵循特定的准则,体现自身的特点。职业生涯规划专家程社明提出了职业决策的 4 个基本原则。

1. 择己所爱

在职业生涯方向和目标选择的过程中,每个人都要充分考虑自己的人格特性、职业价值观和兴趣爱好。从事一项自己喜欢的工作,工作本身就能给你一种满足感,从职业中体会到人生的价值和意义,得到生活的乐趣。

2. 择己所能

任何职业都要求从业者掌握一定的技能,具备一定的能力。一个人不可能将所有技能都全部掌握,在进行职业生涯决策时,要考虑自身的能力、性格等,选择自己能力范围内具有一定挑战性的职业。

3. 择世所需

大学生在做职业选择时,要根据国家和社会的需求,不断调整,正如爱因斯坦所说:"人只有献身于社会,才能找出那短暂而有风险的生命的意义。"

4. 择己所利

职业对一个人来说,是一种谋生的手段和获得幸福的途径。在进行职业生涯决策的时候,决策者都会考虑自己将来的预期收益。理性而明智的人都会权衡利弊,以收益最大化为原则,从一个社会人的角度出发,在一个由个人发展、社会声望、收入等变量组成的函数中找到最优解。

四、职业决策的方法

要做出一个合理客观的决策,需要理性分析。对大多数人来说,很多时候不是忘了理性的存在,而是缺乏一些理性分析的方法。职业决策的方法有很多种,本章主要介绍 CASVE 循环决策模型、职业决策平衡单法等简单实用且有效的方法。

1. CASVE 循环决策模型

在决策技能领域,盖瑞·彼得森(Gary Peterson)等人提出从信息加工角度解决职业生涯问题的认知信息理论模型(Cognitive Information-tion Processing Theory, CIP),如图 4-1 所示。

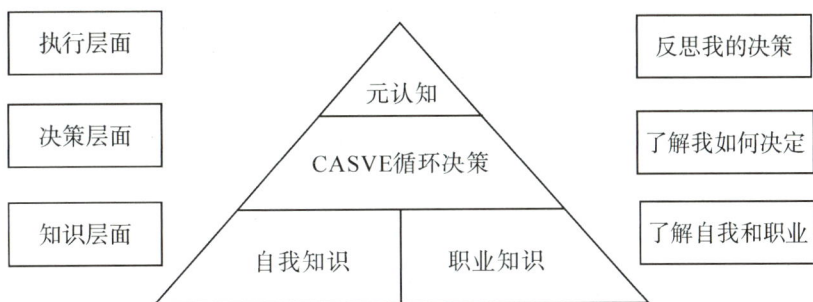

图 4-1　认知信息理论模型(CIP)

CIP 模型的核心价值就是如何做出更好的决策并不断取得好的结果,模型包括 3 个层面:

知识层面。决策的前提是掌握丰富的知识和信息,知识层面就是要对自己和职业获得充分的知识和信息,以支持做出理性的决策。

决策层面。有了充分的信息并不代表一定能够做出有效的决策,必须遵循一定的原则、流程、方法等,才能做出更好的决策。

执行层面。做出决策后,如何实现决策结果,必须依靠元认知的力量,通过自我觉察、对话、监督的方式,进行执行管理,以帮助取得决策成果。

CASVE 循环决策模型是在认知信息理论中提出的一种生涯决策模型。该模型认为个体的决策过程是一个由沟通(Communication)、分析(Analysis)、综合(Synthesis)、评估(Valuing)和执行(Execution)5 个要素构成的循环过程,如图 4-2 所示。

(1)沟通。识别问题的存在,找出差距。沟通,包括内部和外部的信息交流,个体通过交流意识到理想和现实之间存在的巨大差距。内部的信息交流是指个体自身的身心状态,外部的信息交流是指外界对个体产生的影响,通过内部和外部沟通,人们意识到自己需要解决某些问题,这样的交流对开始生涯选择十分重要。沟通阶段需要回答的最基本的问题是,此刻自己正在思考并感觉到的职业选择是什么。

(2)分析。大学生需要对自我和职业两方面进行充分了解,了解自己的兴趣、性格、能力、价值观,了解职业世界,然后列举出可能的职业选择。

(3)综合。综合阶段是"扩大并缩减我的选择清单"的过程,是根据分析阶段所得出的信息,先把选择范围扩展开来,然后再逐步缩小,形成可能的选项。最终确定 3~5 个最可能的选项。这个先扩大后缩小的过程非常重要。通过分析阶段,大学生对自我的各方面都有很多了解,每一个方面都分别对应着很多职业,把这些职业都列出来,就会得到一个范围较广的选择列表,然后选取其中的交集,便得出缩小的职业选择范围,接下来把最可能从事的职业限定到 3~5 个。最后,可以问自己"假如我有这几个选择,是否可以解决问题,消除现实和理想状态的差距?"如果可以,就进入评估阶段选出最适合的职业,如果还是不能解决问题就需要重新回到分析阶段了解更多信息。

(4)评估。对综合阶段得出的 3~5 个职业进行具体评估,获得该职业的可能性,以及这个选择对自身及他人的影响,进而进行排序,选出最佳选择。

(5)执行。执行是整个 CASVE 的最后一部分,前面的步骤只是确定了最适合的职业,还不能带来职业选择的成功,需要在执行阶段形成职业目标策略,将所有想法付诸实践。例如,开始具体的求职,为再一次回到沟通阶段提供线索,以确定沟通阶段所存在的职业问题是否得到了很好的解决。在执行阶段,需要制订计划,进行实践尝试和具体行动。如果没有解决那么再回到沟通阶段,重新开始一次CASVE 循环,直至职业生涯问题被解决。

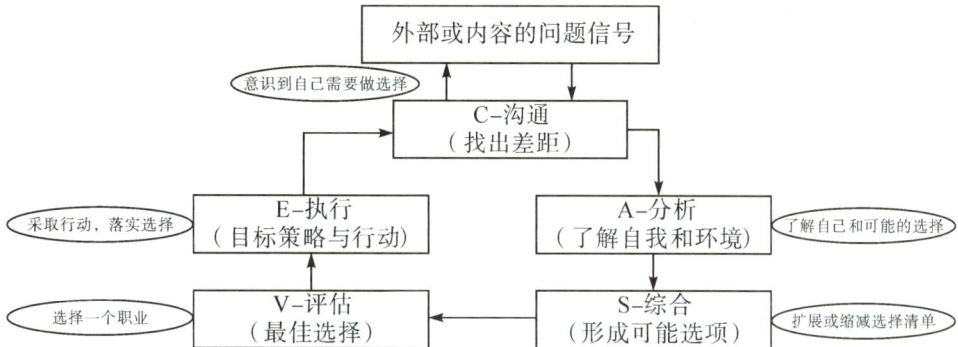

图 4 - 2　CASVE 循环示意图

2.职业决策平衡单法

职业生涯决策是一个人选择职业目标或具体的职业岗位时,对可能的结果做出价值判断的方法。个人在职业选择中会权衡利弊,力求达成最大价值。职业决策平衡单(Decision-Making Balance Sheet)法可以通过打分的方式,量化各项职业选择的分数,帮助个体进行职业生涯目标的决策。职业决策平衡单的操作办法如下:

(1)确定职业决策考虑因素。职业决策考虑因素包括自我部分(精神与物质)和他人部分(精神与物质)。自我部分可以分为两个方面:自我精神部分,包括能力、兴趣、价值观、自尊、自我实现等;自我物质部分,包括升迁机会、社会地位、工作环境、工作发展前景、工作内容、休闲时间、能提供的培训机会等。他人部分也可以分为两个方面:他人精神部分,包括父母、师长、朋友的支持等;他人物质部分,包括家庭经济收入、与家人相处的时间、家庭地位等,如图 4 - 3 所示。

个人精神方面的得失	个人物质方面的得失
1.成就感	1.收入
2.幸福感	2.工作的难易程度
3.自我实现的程度	3.工作环境
4.挑战性	4.休闲时间
5.社会声望的提高	5.升迁机会
6.兴趣的满足	6.对健康的影响
……	……
他人精神方面的得失	他人物质方面的得失
1.父母	1.家庭经济收入
2.师长	2.家庭地位
3.朋友	3.与家人相处的时间
……	……

图4-3　职业决策平衡单中有价值的指标

（2）利用职业决策平衡单进行职业生涯目标决策，具体步骤如下：

①列出2~4个自己的职业生涯发展方向。

②根据自己需求，挑选几个有价值的指标。

③根据重要性和迫切性，给指标赋予权数，加权范围为1~5倍，填写到"权重"栏。权数即你在进行职业选择时所看重的要素的重要程度，如某要素的权数越大，说明你越看重该要素。

④进行打分。根据第一栏中的职业决策考虑要素给每个职业方案打分，每个方案的得分或失分，可根据该方案具有的优势（得分）、缺点（失分）回答，计分范围为1~10分（注意，每个方案得分或失分只能填一项）。

⑤计分方法。将每一项的得分或失分乘上权数，得到加权后的得分和失分，分别计算总和（即加权后合计），根据此得分做出最终决定，得分越大，该职业方案越适合你。

某大学生的职业决策平衡单

建议考虑项目 （加权范围1~5倍）	权重 1~5	第一方案:医生 得(+)	第一方案:医生 失(-)	第二方案:大学教师 得(+)	第二方案:大学教师 失(-)	第三方案:科研人员 得(+)	第三方案:科研人员 失(-)
个人物质方面得失							
经济报酬	4	6	–	5	–	3	–
工作环境	3	2	–	6	–	5	–
他人物质方面得失							
对家人的经济影响	3	3	3	3	–	3	–
与家人相处	3	–		2	–	2	–
个人精神方面得失							
符合自己理想	5	8	–	6	–	5	–
适合自己的兴趣	5	6	–	6	–	4	–
未来有发展性	3	5	–	5	–	4	–
成就感	2	5	–	5	–	5	–
挑战性	2	5	–	5	–	5	–
他人精神方面得失							
家人支持	3	5	–	5	–	5	–
为社会国家贡献	2	4	–	4	–	4	–
合　　计	–	158		171		142	

该学生认真考虑了职业决策平衡单的结果，觉得自己确实比较喜欢且适合当大学老师，于是，他最终选择去某医学院供职。

3. SWOT分析法

SWOT分析法是由美国哈佛大学的肯尼恩·R.安德鲁斯（Kenneth R. Andrews）教授于1971年提出的。SWOT是优势（Strength）、劣势（Weakness）、机遇（Opportunitiy）、威胁（Threat）4个英文单词的首字母组合。用SWOT分析法做职业决策，其中优势（S）主要包括学了什么、做过什么、最成功的是什么等；劣势主要包括性格弱点、经验或经历中欠缺什么、最失败的是什么；机遇主要包括现在的就业形势、各种职业发展空间、社会最急需的职业；威胁（挑战）

包括专业过时、竞争激烈、薪酬过低等。大学生通过该方法,仔细分析就业形势与自己就业力的匹配情况,制定职业发展策略:SO 策略(优势与机会策略),即回答"如何加强自身优势,把握外部机会";ST 策略(优势与威胁策略),即回答"如何利用自身优势消除或减弱外在威胁";WO 策略(劣势与机会策略),即回答"如何消除或减弱自身劣势,增大外部机会";WT 策略(劣势与威胁策略),即回答"如何在内外困境中尽可能减少不利影响"。

某位大学生的 SWOT 矩阵

	优势 Strengths	劣势 Weaknesses
内部能力 外部因素	◆成绩好 ◆数学较好,对数字特别敏感 ◆有学生干部经历 ◆比较踏实努力	◆不擅长与人沟通交流 ◆思维不够灵活 ◆适应新环境能力较弱 ◆没有相关的工作经验
机会 Opportunities	SO 策略	WO 策略
◆社会对经管专业人才需求量大 ◆各类企业都需要经管专业学生	◆搜集资料,积极寻找各种就业机会 ◆发挥自身优势,寻找与处理数据相关的岗位	◆多参与社团组织工作,提高沟通交流能力 ◆利用寒暑假去相关企业实习
威胁 Threats	ST 策略	WT 策略
◆目前经济形势下滑 ◆毕业生多 ◆进入大企业有一定的难度而小企业又没有很好的保障	◆参加国际数学建模大赛,争取获得奖项,增加就业竞争力 ◆努力提高就业能力,争取应聘到大企业工作	◆如果进不了大企业,先就业再择业,提高自身能力,寻找更好的机会

该经管专业大二学生通过 SWOT 分析法,明确了自己的优势、劣势以及面临的机会和威胁,她提出了 SO 策略、ST 策略、WO 策略和WT 策略,这对后期职业决策有重要参考意义。

第二节 选择目标职业

　　《中华人民共和国职业分类大典(2015 年版)》中已经被定义的职业有 1481 个,而每年还会不断产生新的职业。面对这么多职业,要搞清楚自己未来适合做什么,的确是个非常复杂的过程。本节将从目标行业、目标职能、目标组织等做进一步探索,以期帮助大学生进行职业定位。

　　一、行业选择

　　确定目标行业意味着为自己未来的职业发展选择了一个大的领域、大的行业范畴。在人才流动越来越自由和畅通的今天,一个职场人士更换工作单位,或者变换工作种类(具体职业)的可能性越来越大,但这些变动跨行业进行相对较难,因为跨行业意味着进入了一个全新的、差异巨大的领域,原有的行业认知、相关行业经历和积累在新行业基本不适用,需要重新开始,变动成本相对较高。但也有很多人通过学习新的行业知识,利用已有的资源和优势,在一个新的行业取得成功。

　　我们经常用三百六十行来泛指形形色色的行业,可见行业分类比较复杂。行业是从事相同性质的经济活动的所有单位的集合。每个行业在国民经济中都发挥着重要而独特的作用。行业是国民经济的构成单元,按照 2017 年国民经济行业分类(GB/T 4754—2017),我国国民经济行业共有 20 个行业门类, 97 个大类, 473 个中类, 1380 个小类。20 个行业门类如下:

　　A. 农林牧渔业(包括 01 ~ 05 大类)

　　B. 采矿业(包括 06 ~ 12 大类)

C. 制造业(包括 13 ~ 43 大类)

D. 电力、热力、燃气及水生产和供应业(包括 44 ~ 46 大类)

E. 建筑业(包括 47 ~ 50 大类)

F. 批发和零售业(包括 51、52 大类)

G. 交通运输、仓储和邮政业(包括 53 ~ 60 大类)

H. 住宿和餐饮业(包括 61、62 大类)

I. 信息传输、软件和信息技术服务业(包括 63 ~ 65 大类)

J. 金融业(包括 66 ~ 69 大类)

K. 房地产业(包括 70 大类)

L. 租赁和商务服务业(包括 71、72 大类)

M. 科学研究和技术服务业(包括 73 ~ 75 大类)

N. 水利、环境和公共设施管理业(包括 76 ~ 79 大类)

O. 居民服务、修理和其他服务业(包括 80 ~ 82 大类)

P. 教育(包括 83 大类)

Q. 卫生和社会工作(包括 84、85 大类)

R. 文化、体育和娱乐业(包括 86 ~ 90 大类)

S. 公共管理、社会保障和社会组织(包括 91 ~ 96 大类)

T. 国际组织(包括 97 大类)

在整个国民经济体系中,行业与行业之间既有联系,又分工明确。每个行业在国民经济体系中承担着不同的任务,行业与行业之间存在较大差异。所以,了解行业分类,以及进行行业探索与选择非常重要。进行目标行业选择,需要思考以下问题。

1. 国家战略与行业发展未来

国家战略及相关产业政策,对一个行业发展的影响是巨大的,对于行业从业人员的影响也是不言而喻的。《中国制造 2025》是我国实施制造强国战略的第一个十年行动纲领。制造业是国民经济的主体,是立国之本、兴国之器、强国之基。《中共中央关于制定国民经济和社会发展第十四个五年规划和二〇三五年远景目标的建议》提出强化国家战略科技力量,瞄准人工智能、量子信息、集成电路、生命健康、脑科学、生物育种、空天科技、深地深海等前沿领域,实施一批具有前瞻性、战略性的国家重大科技项目。国家战略发展需要多层次人才,新时代的大学生应体现青年担当,积极投身国家重点行业,重点领域,为把我国建设成为富强民主文明和谐美丽的社会主义现代化强国贡献自己的力量。

2. 行业的细分领域

很多行业涉及的范围非常广,有多个细分领域,最好能了解清楚,以便于根据自己的专业和兴趣进行明确而清晰的定位。例如,制造业包含 31 个大类,如农副食品加工业,食品制造业,酒、饮料和精制茶制造业,烟草制品业,纺织业,家具制造业,造纸和纸制品业,文教、工美、体育和娱乐用品制造业,石油加工、炼焦和核燃料加工业,医药制造业,汽车制造业,计算机、通信和其他电子设备制造业等。同样是制造业,每个类别之间的差别却很大,需要仔细探索。

3. 了解行业现状与平均薪酬福利

随着科学技术推进和互联网普及,很多行业进入高速发展阶段,但行业与行业之间的现状、薪资水平与发展潜力存在显著差异。改革开放以来,人均工资较高的行业包括电力煤气、采掘、金融与信息计算机软件业,而近些年又以金融业及信息计算机软件业为主。《中国统计年鉴 2020》数据显示,2019 年非私营单位就业人员年平均工资为 90501 元,制造业年平均工资为 78147 元,信息传输、软件和信息技术服务业年平均工资为 161352 元,金融业年平均工资为 131405元,教育业年平均工资为 97681 元。2019 年私营单位就业人员年平均工资为 53604 元,制造业年平均工资为 52858 元,信息传输、软件和信息技术服务业年平均工资为 85301 元,金融业年平均工资为 76107元,教育业年平均工资为 50761 元。大学生清晰、客观、全面地认识行业现状,有助于选择那些符合技术发展与变革趋势的行业。

一般来说,应届毕业生应该结合国家战略、社会需求,自己的实际情况从不同行业中确定自己的目标行业。

二、职能选择

行业永远处于不断变化之中,而职能则是相对稳定的,以职能为切入口进行职业选择也是有效的择业方法。现代组织管理中包含的职能大体上可分为 8 大模块。

1. 市场部

市场部对整体市场策略负责,关注市场均衡和可持续发展,具体工作包括市场调研、竞争分析、新产品定义、新产品上市、品牌宣传、销售促进活动策划和实施、销售人员培训、风险控制等。市场部是决定公司产品战略、产品定位、利润目标和风险控制的部门。

2. 生产部

生产部是生产职能机构,负责对各种设备事故、工伤、伤亡事故、急性中毒事故以及环境污染事故的调查处理,并制定改进措施。

3. 研发部

研发部根据公司产品路线的战略规划、市场部市场调研的结果和客户要求制定产品开发方向,对新产品的可行性进行论证并组织实施等,通过研究来开创、升级与完善产品。

4. 技术部

技术部在生产部经理的领导下,开展各项生产技术工作,对工艺流程进行规范,制定统一标准,编制技术相关文档,研究各类相关技术资料,协助市场、销售等部门确定产品核心竞争力,积极协助其他部门解决技术问题等。

5. 销售部

销售部的工作主要是将市场部研究规划出的产品按设计好的渠

道和价格及促销宣传方式具体实施,使渠道畅通,物流、资金流安全畅通即可,是战术实施方面的事情。销售部关注的是每期的销售业绩和利润,具体工作就是开拓市场,承接业务,负责总体的营销活动,决定公司的营销策略和措施,并对营销工作进行评估和监控,包括公共关系、销售、客户服务等。例如公司有新的产品,销售部就要做好宣传,把新产品推销到消费者手里。

6. 财务部

公司财务部是负责公司的资金运转、会计核算、资产管理和对下属公司财务工作的指导部门,在经营管理中发挥核算、监督、控制的职能,为管理决策提供重要依据,负责公司日常财务核算,参与公司的经营管理等。

7. 人力资源部

人力资源部主要是根据企业整体发展战略,建立科学完善的人力资源管理与开发体系,实现人力资源的有效提升和合理配置,确保企业发展的人才需求。

8. 行政部

行政部在总经理的领导下全面负责企业的行政事务,积极贯彻行政管理方针、政策,为实现上传下达和各部门之间的协调运作提供支持和后勤保障,负责服务、协调总经理办公室工作,检查落实总经理办公室安排的各项工作等。

大学生应该根据自己的专业、兴趣、能力等选择合适的职能部门。以上职能部门中研发部、技术部和财务部对专业依赖性较强,通常要求专业对口和较高的学历,行政部和人力资源部通常要求管理大类的学生,而市场部和销售部对专业要求不高,更看重个人的能力,如表达能力、沟通能力、适应能力、执行力等,当然有专业背景更好。

三、组织选择

大学生在进行职业选择的时候,最终会落到具体的组织,也就是就业单位。确定目标组织的前提和基础是大学生对自己要有合理定位,要根据自己的性格、兴趣爱好、专业特点,以及自己擅长的其他技能,明确自己能做什么、想做什么,在此基础上,选择适合自己的组织。目前大学生可以选择的组织类型主要有以下几种。

1. 国家机关

国家机关是指党和政府为行使其职能而设立的各种机构,是专司国家权力和国家管理职能的组织,包括党和政府的各级权力机关、行政机关、审判机关、检察机关等。国家机关在国家安定、政治体制运行中具有极其重要的作用,处于核心地位。大学生主要通过公务员、选调生等考试进入国家机关工作。

2. 事业单位

事业单位是指为了社会公益,由国家机关举办或者其他组织利用国有资产举办的,从事教育、科技、文化、卫生等活动的社会服务组织。事业单位一般是由国家设置的带有一定公益性质的机构,但不属于政府机构,其从业人员与公务员不同。一般情况下国家会对事业单位予以财政补助,根据补助不同,事业单位可分为全额拨款事业单位,如学校等,差额拨款事业单位,如医院等,还有一种是自主事业单位,国家不拨款,如博物馆。大学生进入事业单位主要通过事业单位招聘考试。

3. 企业单位

企业一般是指自负盈亏的生产性单位,企业分为国企和私企。国企是指国家对其资本拥有所有权或者控制权,政府的意志和利益决定了国有企业的行为。国有企业是国民经济发展的中坚力量,是中国特色社会主义的支柱。按照国有资产管理权限划分,国有企业分为中央企业(由中央政府监督管理的国有企业)和地方企业(由地方政府监督管理的国有企业)。个别中央企业在国家社会经济发展过程中所承担的责任较为特殊,由国务院直属管理,这些中央企业属于正部级。私企是属个人所有的企业单位,其特点是自收自支,通过成本核算,进行盈亏配比,通过自身的盈利解决自身的人员供养,服务社会,创造财富价值。大学生主要通过校招和社招方式进入企业工作。

4. 社会团体

社会团体包括行业性社团、学术性社团、专业性社团和联合性社团。

5. 国际组织

国际组织是指两个以上国家或其政府、人民、民间团体基于特定目的,以一定协议形式建立的各种机构。国际组织可分为政府间组织和非政府间组织,也可分为区域性国际组织和全球性国际组织。政府间的国际组织有联合国、欧洲联盟、非洲联盟、东南亚国家联盟(东盟)、世界贸易组织等;非政府间的国际组织有国际足球联合会、国际奥林匹克委员会、国际红十字会等。各种国际组织在当今世界治理中发挥着重要作用,但我国在国际组织任职的人数偏少,话语权不够。世界正处于百年未有之大变局,在应对未来国际竞争、参与全球治理的过程中,我国需要大批具有全球胜任力的高素质人才在国际组织任职,与时代对话、与世界互动,提高中国的国际形象,讲好中国故事。想去国际组织实习的大学生,可以关注国家留学网,每年基本都有国际组织实习项目和国际组织后备人才培养项目,按照要求申请即可。想去国际组织任职的同学,可以关注国际组织网页发布的招聘信息。

6. 其他类组织

其他类组织包括民办学校等非企业单位、外国常驻机构等各类组织。

就业单位的选择跟大学生的职业价值观息息相关,例如有的大学生喜欢稳定性工作,可能最适合政府部门,其他依次是事业单位、国有企业(大中型)、外资企业、中外合资企业、民营企业;有的大学生喜欢挑战性工作,上述适合的单位顺序应该倒过来。

锁定具体组织类型后,应该进一步搜集组织信息,增加决策的客观性。对具体目标组织的信息搜集可以按下列提纲进行:用人单位的准确全称;用人单位的联系办法,如人事部联系人电话、通信地址等;用人单位的所有制性质(全民、合资、私营等);用人单位需要的专业、具体工作岗位;用人单位的规模、发展前景、地理环境、企业文化、经营范围和种类等;用人单位对所需人才的具体要求;用人单位的福利待遇(包括工资、福利、奖金、住房等);用人单位的培养机制及今后发展、晋升的前景等。

行业、职能和组织都处于快速变化过程中,一个职业定位、一个明确的目标无法确定自己一生的发展,大学生每隔3~5年,都需要重新定位,重新界定自己的行业、职能和组织。

📖 本章小结

(1)职业决策内容包括政策法规、就业程序、专业发展前景、岗位信息、大学生创业情况等内容。职业信息的搜集要结合线上、线下多种形式进行,尽可能全面而准确地搜集职业相关信息。

(2)职业决策的方法和程序包括 CASVE 循环决策模型、职业决策平衡单法和 SWOT 分析法。CASVE 即沟通(Communication)、分析(Analysis)、综合(Synthesis)、评估(Valuing)和执行(Execution)。职业决策平衡单法指通过打分的方式,量化各项职业选择的分数,帮助求职者进行职业生涯目标决策。SWOT 分析法要求大学生对自身和环境有一个良好的认知才能更好地制定相应的提升策略。

（3）在锁定职业目标时,首先要知己:明确自己的职业兴趣及能力特长,其次要知彼,了解行业、单位、职能的相关情况,进而确定目标行业、目标单位和目标职能。要学会对目标进行分解,逐步实现自己的追求。

复习思考题

1. 职业决策有哪些原则？你将如何决策你的职业目标？

2. 你所使用的职业决策方法是什么？你是如何完成自己的职业决策的？

3. 你期望未来进入哪个行业？该行业有哪些特点？

案例分析

小琦,某大学二年级学生,活泼开朗,稳重大气。她从小做班级干部,大学期间积极参加社团活动。她的职业理想是成为一名大学老师,但苦于不了解进入大学工作的要求和渠道。因此,小琦参加了学校组织的一次生涯人物访谈活动。她成功采访了经济学院刘教授和辅导员李老师。通过访谈,她知道大学教师分为教学科研型教师、专职科研人员、专职辅导员、行政人员、实验室人员等几个不同序列。教学科研型教师的主要工作任务是教学、科研和社会服务;专职科研人员的主要任务是科学研究;专职辅导员的主要工作是从事学生的思想政治教育、学生日常管理、就业指导、心理健康,以及学生党团建设等方面的工作;行政人员主要协助领导,保障全校的教学科研、社会服务工作顺利开展;实验室人员任务是完成实验教学,辅助科学研究和社会服务。有些大学教师是事业编制,有些教师是校聘、院聘、课题组聘任的。通常,要想成为教学科研型教师和专职研究人员,至少要博士学位,且有较强的科研能力,科研成果丰硕。辅导员招聘博士和硕士都可以,但一般要求是党员,且有兼职辅导员经历。行政人员招聘博士和硕士都可以,但一般要求是管理专业、高等教育学、马克思主义理论等相关专业学生。各学校的人力资源部门会发布各类教师招聘信息,应聘者根据要求应聘即可。

小琦很想成为一名大学老师,但是她不想继续读博士,觉得自己也不适合做研究,那就只能考虑辅导员或者行政岗位。通过 SWOT 分析,她觉得自己更善于与人打交道,喜欢帮助别人,更喜欢辅导员岗位。于是,她在本校人力资源部主页找到专职辅导员招聘信息,仔细研究了相关要求:较强的理论和政策水平,中共党员,具有硕士及以上学历学位,在校期间担任学生干部或兼职辅导员,具有较强的组织管理、调查研究以及语言、文字表达能力,熟练掌握现代化办公技术,具有较好的外语听说读写能力,热爱高校学生思想政治教育工作。

鉴于此,她在大学期间积极申请入党,准备研究生考试,并申请做了半年的本科生辅导员。小琦在担任兼职辅导员的过程中发现为学生服务能让她感到快乐和满足,也更加坚定了当辅导员的想法。后来,小琦一直朝着自己的职业目标努力,加入了中国共产党,研究生顺利毕业,积极参加兼职辅导员工作,最后成功应聘到家乡一所大学,实现了一直以来的高校梦。

案例讨论

1. 小琦是如何做职业选择的?
2. 小琦在做职业生涯决策的时候做了哪些探索?

活动锻炼

1. 练习用决策•平衡单法进行职业选择。
2. 对自己所学专业适合的行业和职位进行职业探索。

本章参考文献

[1]杨红英.大学生职业生涯规划[M].昆明:云南大学出版社,2015.

[2]汪永芝,赵英.职业生涯规划与实践[M].北京:清华大学出版社,2017.

[3]孙红刚,罗汝坤.职业生涯规划与就业创业指导[M].北京:高等

教育出版社,2018.

[4]倪伟.大学生职业生涯规划与发展[M].西安:西安电子科技大学出版社,2018.

[5]陈姗姗.大学生职业生涯规划与就业创业指导[M].重庆:重庆大学出版社,2017.

[6]曲振国.大学生就业指导与职业生涯规划[M].北京:清华大学出版社,2018.

本章拓展内容

第五章　如何促进职业目标实现?

→ 情境导入

小王是计算机专业的大二学生,从小对编程感兴趣,在对计算机专业就业前景有了一定了解后,树立了自己的职业目标——成为一名互联网大公司的软件工程师。软件工程师需要精通各类编程语言和工具软件,对数据结构和算法有深刻的认知,而毕业生就业市场"内卷"严重,竞争激烈。小王开始考虑:如何通过大学期间的学业管理帮助自己实现职业目标?如何在课堂之外掌握更多的计算机科学前沿知识?如何锻炼自己各方面能力?如何进行时间管理?如何把握专业学习和社团活动、学生工作之间的冲突?希望本章内容能帮他实现目标。

内容摘要

大学阶段是职业探索的重要阶段,大学生通过职业探索和自我探索,选择了职业定位,就要朝着目标努力。本章介绍了大学发展的路径,正确认识专业和职业之间的关系,大学生通过大学期间的学业管理、社会实践管理、时间管理等一系列的活动管理,促进职业目标实现。

◉ **教学目标**

思政层面

· 树立正确的职业观和学习观。

知识层面

· 了解大学发展的路径。

· 了解专业与职业的关系。

技能层面

· 掌握学业管理的技能和方法。

· 掌握时间管理的技能和方法。

· 学会如何从专业学习中确定自身的职业发展。

第一节　明确大学发展路径

大学阶段是人生发展的重要时期，是大学生世界观、人生观、价值观形成、发展和成熟的重要阶段，也是大学生促进职业目标实现的关键时期。经过职业探索和自我探索，大学生已经基本明确了职业方向，为了达成职业目标，应该明确大学发展路径，正确认识专业和职业的关系，加强学业管理、社会实践管理和目标管理。

一、直接就业

1. 求职就业

求职就业是大部分大学生的毕业走向，也是涵盖范围最广的就业方式。如果确定本科毕业后直接就业，大学生应该尽早进行职业生涯规划。首先，探索职业。多搜集与本专业相关的就业去向和未来发展，搜集自己感兴趣的职业信息，并对相关信息进行比较、分析、评估、归纳。其次,探索自我。深入了解自己的兴趣、性格、职业价值观和能力优势,形成适合自己的职业库。最后,锁定自己的目标职业。上网搜索目标职业的职位要求,有的放矢地提升自己的素质和能力,制定完善的学业规划,多参加社会实践活动,增加就业竞争力。

2. 报考公务员或选调生

公务员,即国家公务员,是指依法履行公职、纳入国家行政编制、由国家财政负担工资福利的工作人员。公务员职位按职位的性质、特点和管理需要,划分为综合管理类、专业技术类和行政执法类等类别。选调生是公务员的一种,录用后直接为公务员编制。

目前,公务员和选调生考试录用已经成为应届毕业生就业的一条重要渠道,但两者在报名条件、培养目标、选拔程序、培养管理、晋升空间等方面存在较大区别。大学生要根据自己的理想和实际情况,准备公务员或选调生考试。

二、自主创业

自主创业是指大学生毕业后不是去社会寻找工作,而是用自己所学知识创办公司或企业。大学生自主创业,不仅解决了自身的就业问题,同时为社会创造了劳动岗位,带动解决更多人就业,减轻社会的就业压力。大学毕业生拥有较专业的知识文化,富有创新精神,蕴涵着创业潜能。但在做出创业决定之前,大学生必须对所创业的领域有充分的研究,对创业活动的服务对象进行需求细分,掌握市场的动向,分析自己与竞争对手之间的优劣势,并对将来的创业活动做出全面的安排(包括资金、场地、人员等),以及对创业活动所提供的产品或服务有独到的见解。

创业不是一时的兴致,不要在冲动的情况下做出决策,需要创业者经过深思熟虑后,根据自己的实际情况,结合当前的市场需求做出决定。

三、继续深造

（一）国内读研究生

大学生有志于从事科研，可以选择继续深造，考取研究生。

我国硕士学位类型分为专业型硕士（简称专硕）与学术型硕士（简称学硕）。两种类型在培养目标、培养方式、培养规格等方面各有侧重。专硕重视实践和应用，以职业需求为目标，教学内容强调理论与实践相结合，突出案例分析和应用研究。学硕是按学科设立，偏重理论教学，重点培养学生从事科学研究创新工作的能力和素质。大学生应根据自己的实际情况和需求，选择报考不同类型的研究生，具体步骤如下。

1. 了解考研信息

考研信息对于每个考生来说都至关重要。决定考研的学生，可从招生单位网站上搜索相关招生简章、专业目录、招生说明和导师介绍等信息，也可通过其他途径了解，如通过拟报考专业的学长学姐了解专业科目的内容、命题的方向、面试的内容及方式、导师的研究方向等。此外，还要收集有关考研复习方面的信息，考生要尽量收集拟报考学校的复习资料，特别是历年考试专业试题及专业课考试复习的指定参考书等。

2. 确定考研目标

如果决定考研，那么就要尽快明确考研目标，早日开始备考复习。要确定考研目标，一方面，要全面了解拟报考的专业和学校，一般先确定专业，然后再根据专业选择学校；另一方面，要合理评估能力（特别是外语能力），了解自己适合报考什么专业，今后想从事的工作（或职业规划）等。一般来说，跨学校或跨专业考研难度会大一些，既跨学校又跨专业难度更大。

3.明确研究生报考程序

首先是报名。报名时间一般是每年的10月份,但具体时间每年都可能有变化。考生在9、10月份注意查看中国教育在线考研频道相关报名公告并自行登录"中国研究生招生信息网"网上报名,还需现场确认。网上报名成功以后考生携带相关证件到选择的报考点缴费、照相、确认报名信息并签字。其次是初试和复试。初试为笔试,科目为政治理论、外语和两门专业课。其中政治理论、外语由教育部统一组织命题,专业课由学校自主命题。考试时间一般安排在每年12月份,每门科目考试时间均为3小时。通常3月上旬左右公布初试成绩,取得复试资格的同学参加复试。复试一般包括专业课测试、外语听力、口语测试和专业面试等环节。其重点在于考查考生的科研能力、思维能力、外语能力和心理素质等。复试和初试成绩共同决定考生是否被录取,因此,要足够重视复试,可做以下准备:了解往年复试的情况,了解所报考专业的最新动态;面试时注意细节,衣着得体,准时到场,礼貌待人,准确回答问题。最后是录取阶段。招生单位根据国家下达的招生计划,考生的入学考试成绩(含初试和复试)、思想政治表现、专业素质,以及身体健康状况确定录取名单。

(二)出国留学

经济全球化发展,国际合作领域不断拓宽;我国人民收入水平不断提升;我国高等教育发展日益开放化、国际化和多元化;严峻的就业压力和考研竞争等,这些因素促使留学日益受到大学生青睐。留学主要包括调查、申请、准备(学业、经济、各种材料的准备)等阶段。对于准备出国留学的学生来说应及早准备,提高成功率,一般在大二时应通过托福、雅思、GRE、GMAT等考试,最迟不超过大三上学期;到了大三,拥有一定的专业基础知识,可以根据职业兴趣,选择以后将要攻读的专业,并且利用课余看一些专业书籍,参与相关课题研究;到了大四,就可以准备材料,投递资料,等待录取。

出国留学要注意的相关事项有：首先，明确动机，留学应与自身职业生涯规划紧密相连；其次，选择具体的目标，包括国家、学校和专业，学校在相关领域的声誉和排名非常重要，还要考虑地理位置，如经济发达的地区有更多的实习和就业机会；最后，申请护照和签证。

四、参军入伍

近年来，随着军队现代化建设步伐的加快和军队干部政策改革，越来越多的大学生选择携笔从戎，逐渐成为军营里的新亮点。习近平总书记在给南开大学 8 名新入伍大学生的回信中提到："自古以来，我国文人志士多有投笔从戎的家国情怀。抗战时期，许多南开学子就主动奔赴沙场，用鲜血和生命诠释了爱国、奉献的精神内涵。如今，你们响应祖国召唤参军入伍，把爱国之心化为报国之行，为广大有志青年树立了新的榜样。"参军入伍为大学生们成长成才提供了机会和广阔的舞台。入伍学生可以在部队大舞台上施展才华，为实现中华民族强军梦而奋斗。同时，大学生参军在报名征集、家庭优待、教育资助、使用培养、就业服务方面都享受优惠政策。例如，国有、国有控股和国有资本占主导地位的企业在拿出一定比例的工作岗位定向招收符合政府安排工作条件的退役士兵时，同等条件下优先招收退役大学生士兵；应征入伍的高校毕业生退役后报考政法干警招录培养体制改革试点班的，教育考试笔试成绩总分加 10 分。

大学生参军的基本条件包括：拥护党的基本路线，忠于祖国，热爱军队，志愿献身国防事业，符合公民服现役的政治条件；学习成绩平均在良好以上；本科毕业生年龄不超过 25 周岁；身体健康，符合军队院校招收学员体格检查标准。

参军的一般程序：报名→接受考核→审批→参加培训。有志参军的同学可以多咨询辅导员、班主任、学长学姐等获取相关的报名信息及建议。

第二节　正确认识专业与职业的关系

一、专业与职业特征

在明确大学专业与职业关系之前,首先要弄清专业的具体含义。专业一般泛指专门学业或专门职业,比如干部专业化、生产专业化、分工专业化、专业化经济、专业化制作等。就学业来说,专业主要指教育机构培养专门人才的专业门类,大学设置专业是大学培养人才的重要特征,专业设置在一些方面和职业有了联系。一是专业设置有人才培养规格的要求。一名大学生只有完成专业教学计划规定的学习任务,才是一个符合该专业培养规格的合格毕业生,选择相关的职业才具有一定优势。二是专业设置兼顾了职业群的要求。大学本科的专业设置是以学科为主进行划分的,学科有其自身的科学体系,与职业之间的联系并不紧密。而高等职业院校和高等专科院校的专业设置则将专业与职业(职业群)较为紧密地联系起来了。大学生除完成专业学习外,还可以跨专业选修课程,以适应自己职业规划的需要。三是专业还受到来自社会需求发展变化的制约,认为"上了大学就有一个好职业"的时代,随着"精英"教育年代的结束而结束。

二、专业与职业关系

专业是学业门类,职业是工作门类,专业与职业既有区别又有联系。职业方向与大学所学专业不一定相同,但这并不意味着大学专业知识不重要。专业可为职业提供实际服务,而职业则对专业具有导向作用,每一个专业都为若干相近的职业群提供必要的基础知识和基本技能。如果说职业理想和就业目标是目的地,那么专业学习就是到达目的地的有效途径。不同的职业需要不同的知识、技能和身体条件,而不同的知识和技能则可通过专业学习获得。从经济学的角度来看,专业应该是职业目标所需要的知识和技能。从相关性来讲,专业和职业之间的关系一般可以概括为单对单、单对多、多对单三种关系,如图 5-1 所示。

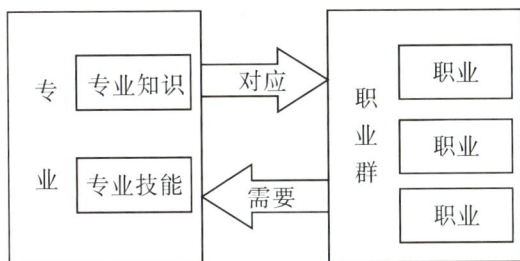

图 5-1　专业与职业之间的关系

1. 单对单的关系

单对单的关系主要指的是某个单一的专业对应着某个单一的职业。这种专业主要存在于中职类学校或高职院校,这类院校对学生培养的目标比较单一、明确,一般以技术为主,比如,数控机床专业的学生毕业后最适合做数控机床的操作与维护人员,进而发展成为高级技师;烹饪专业的学生毕业后最适合成为一名厨师。单对单的关系属于学业规划中比较主动的一种态势,可以让学生在确定学习目标后选择路线,从而在各种路线中选择求学成本最低的一条。总之,这类专业和职业一般适合于专业技术型人员。

2. 单对多的关系

单对多的关系主要指的是某个单一的专业对应着多种职业,这类专业一般存在于普通高校中,也就是我们常说的宽口径、厚基础的专业,同一个专业的毕业生可从事不同行业中的相同或不同职业。比如经济学专业毕业的学生可以从事企业管理、经济学研究、策划营销、经济分析、高校教师等多种职业;法律专业毕业的学生可在司法部门当法官,在律师事务所当律师,在基层社区做法律咨询服务等。

3.多对单的关系

多对单的关系主要指的是多个专业对应某种单一的职业,也就是说多种专业都可以发展到某一种职业。这种类型的职业一般属于管理型的职业,比如高校教师、科研人员、新闻记者、编辑人员、营销主管、企业管理人员、公务员等。以新闻记者这一职业为例,它可以接收经济学、新闻、中文、哲学、历史等不同专业的学生。多个专业对应某种单一的职业这种类型一般适合于先确定职业目标、后确定专业方向的具体情形。

综上可见,大学生不必太拘泥于专业,同样的专业可以选择不同的职业,不同的专业也可以选择同样的职业。

第三节　加强学业管理

职业目标的实现,离不开大学阶段科学的学业管理。

一、大学生学业管理的含义

大学生学业管理主要是指大学生根据自身情况,确立大学期间的学业目标,并为实现学业目标而确定行动方向、行动时间和行动方案。学业管理是大学生最基本的自我管理。大学的学习内容相对深奥、广博,不仅要明确"学什么",更要掌握"怎么学"。如果一名大学生期望本科毕业后能保送研究生,他就应该了解学校的保研政策,根据要求提高各门课成绩,积极参加各种竞赛和科研项目,争取获得保研资格;如果一名大学生期望跨专业考研,他不仅要完成本专业课程并取得较好的分数,还应该通过辅修专业或选修课的方式,学习另一专业的基础课程,才有望在全国研究生考试中获得成功。所以,每个大学生要根据自己的职业目标和职业规划进行大学期间的学业规划和管理。

二、大学生学业管理策略

（一）进行学业规划

1.学业规划选定

兴趣是理想产生的基础,学业规划首先应根据自己的兴趣与专业进行短期、中期和长期规划。其次要分析自己的能力、特长。任何一种职业都要求从业者掌握一定的技能,具备一定的条件,所以大学生要在明确自己想干什么的基础上培养就业力。最后,关注时事,着眼将来,预测趋势,立足于社会不断发展变化的需求之上进行学业规划调整。

2.强化学业规划

当学业规划确定以后,规划执行者应充分思考,详细地罗列出达成学业规划的好处,从而培养积极的心态,增强动力,产生更高的执行力,确保学业规划顺利完成。

3.学业规划分解

学业总目标制定出来以后,应自上而下地详细分解,制订学习计划和目标进度表。以本科4年为例:4年的总学习目标—每年的学习目标—每学期的学习目标—每月的学习目标—每周的学习目标—每日的学习目标。

4.学业规划评估与反馈

在学业规划实施过程中,要及时对环境做出评价,对自己的执行情况做出评估。现实生活中存在种种不确定因素,所以学业规划须具有一定的弹性,以便及时反省和修正。定期进行检查评估与反馈,分析原因与障碍,从而找出改进的方法与措施。

5.激励与惩罚

激励措施能将人的潜能和积极性激发出来,惩罚可以防止懒惰、拖延的产生。制定出完成阶段目标后对自己的奖励或惩罚措施,完成后获得奖励,完不成严格执行惩罚措施。珍惜大学时光,抓好学业,为未来的就业、创业、成功立业开山铺路。

(二)提高自主学习能力

大学生学习生活的一个突出特点就是自主性,要提高自主学习能力,可以从以下几点做起。

1.确立学习目标

学习目标是为职业目标和生涯目标服务的,因此要根据职业目标和生涯目标来确立大学学业目标。科学合理的学习目标能够产生激励作用,提高自我激励的能力。

2.激发学习动机

只有明晰学习对自己的价值和意义,大学生才会更加积极主动地参与到学习当中,并在遇到困难时依然保持信心,从学习中获得满足感和成就感。

3.自我监控

监控的目的是保证各项学习活动按照既定的计划和目标进行,监控通过"监督"和"纠偏"来实现。自我监控过程包括:根据计划和目标确定控制标准;衡量实际绩效;找出偏差,分析偏差产生的原因;采取行动,纠正偏差。

(三)提高合作学习能力

小组成员在团队中互帮互助、交流合作、信息共享、资源优化配置,学会与他人积极沟通、友好合作,从而使得每个小组成员在原有的基础上获得进步,提高学习热情和学习效率,主动参与学习。有研究表明,团队作为现代组织最基本的工作单元,团队的学习水平很大程度上影响整个组织学习和创新的水平。要提高合作学习能力,可以从以下几点做起。

1.提高团队沟通能力

合作学习的本质是与人交流、交谈和交往,提高个人在团队中的沟通交流能力,有利于促进团队合作学习的顺利展开。

2.尊重每个人的平等参与机会

在合作学习时,由于每个人的职位、知识、经验、阅历、语言沟通能力、自信心等存在差异,可能少数成员对交流、决策有过分的影响,支配合作学习的结果,阻碍团队其他成员积极性和创造力的发挥。团队每个人都应该有平等的参与机会,成员间应该相互帮助、相互学习,看到彼此的长处和缺点,不能忽视团队中其他成员所扮演的角色和影响。

3.明确分工、强调个人责任

合作学习是成员参与到小组中明确分工、共同完成集体任务、达成共同学习目标的学习模式。在进行任务分工时,要做到人适其岗、人尽其才,根据每个人的能力、特长、性格、优缺点等将其分配在最适合的岗位上,充分发挥每个人的才能,扬长补短,从而使团队的力量大于单独个人力量的简单相加,达到"1 + 1 > 2"的效果。

(四)树立终身学习意识

终身学习是指社会每个成员为适应社会发展和实现个体发展的需要,贯穿于人的一生的,持续的学习过程,它激励并使人们有权力获得他们终身所需求的全部知识、价值、技能与理解,并在任何任务、情况和环境中有信心、有创造性和愉快地应用它们。知识爆炸的时代,知识对于每个人越来越重要,知识更新的速度显著加快,任何部门、岗位、工种都面临着知识体系的不断更新,技术的不断升级。孔子曾说过:"学而不已,圆棺乃止。"新时代的大学生更应保持终身学习的习惯,不断完善自己,更好地适应社会发展。

第四节　加强社会实践管理

社会实践活动可以让大学生感受现实而丰富的社会环境,激发其好奇心和求知欲,培养其解决问题的能力和不怕挫折、勇于探索的精神。同时,大学生在社会实践中可提高自身理论联系实际的能力,全方位提升自己的创造力和就业力。

一、参加各类竞赛

"以赛促学、以赛促教"是全国各类大学生竞赛举办的初衷。大学生参加竞赛可以挑战自我,展示风采,提高个人综合素质和能力。

2022年2月22日,中国高等教育学会高校竞赛评估与管理体系研究工作组发布2021全国普通高校大学生竞赛分析报告,进入2017—2021年学科竞赛排行榜榜单的一共有56项竞赛,详见表5-1。大学生可以根据自己的学科、专业和特长,选择参加一些竞赛项目。

例如"挑战杯"全国大学生创业计划大赛之类的赛事,受到高校学生的普遍关注,参与人数不断增加。这些赛事激励大学生将所学专业知识与日新月异的社会实践相结合,要求参赛者组成优势互补的创业团队,提出一个具有市场前景的技术、产品或服务,并围绕这一技术、产品或服务完成一份包括执行总结,产业背景和公司情况,市场调查和分析,公司战略的总体进度安排,风险问题和假定,团队、企业经济状况,财务预测假定等几个方面的完整、具体、深入的创业计划,以描述公司的创业机会,以及把握这一机会的过程。这些必然激发和培养青年学生的创业意识和创业能力。

此外,一些企业为了吸引更多的优秀人才,提前做好人才储备工作,会以企业名义在校园中举办各类竞赛,这些比赛往往能使参赛者体验到更真实的企业环境,帮助大学生提前进入职业角色,发掘他们各方面的潜能。

表5-1　2021年全国普通高校大学生竞赛榜单内竞赛项目名单

序号	项目名称
1	中国"互联网+"大学生创新创业大赛
2	"挑战杯"全国大学生课外学术科技作品竞赛
3	"挑战杯"中国大学生创业计划大赛
4	ACM-ICPC国际大学生程序设计竞赛
5	全国大学生数学建模竞赛
6	全国大学生电子设计竞赛
7	中国大学生医学技术技能大赛
8	全国大学生机械创新设计大赛
9	全国大学生结构设计竞赛
10	全国大学生广告艺术大赛
11	全国大学生智能汽车竞赛
12	全国大学生交通运输科技大赛
13	全国大学生电子商务"创新、创意及创业"挑战赛
14	全国大学生节能减排社会实践与科技竞赛
15	中国大学生工程实践与创新能力大赛
16	全国大学生物流设计大赛
17	外研社杯全国大学生英语系列赛(英语演讲、英语写作、英语阅读)
18	全国职业院校技能大赛
19	两岸新锐设计竞赛·华灿奖
20	全国大学生创新创业训练计划年会展示
21	全国大学生化工设计竞赛
22	全国大学生机器人大赛(RoboMaster、RoboCon、RoboTac)
23	全国大学生市场调查与分析大赛
24	全国大学生先进成图技术与产品信息建模创新大赛
25	全国三维数字化创新设计大赛
26	世界技能大赛

序号	项目名称
27	世界技能大赛中国选拔赛
28	"西门子杯"中国智能制造挑战赛
29	中国大学生服务外包创新创业大赛
30	中国大学生计算机设计大赛
31	中国高校计算机大赛－大数据挑战赛、团体程序设计天梯赛、移动应用创新赛、网络技术挑战赛、人工智能创意赛
32	蓝桥杯全国软件和信息技术专业人才大赛
33	米兰设计周——中国高校设计学科师生优秀作品展
34	全国大学生地质技能竞赛
35	全国大学生光电设计竞赛
36	全国大学生集成电路创新创业大赛
37	全国大学生金相技能大赛
38	全国大学生信息安全大赛
39	未来设计师·全国高校数字艺术设计大赛
40	全国周培源大学生力学竞赛
41	中国大学生机械工程创新创意大赛－过程装备实践与创新赛、铸造工艺设计赛、材料热处理创新创业赛、起重机创意赛、智能制造大赛
42	中国机器人大赛暨 RoboCup 机器人世界杯中国赛
43	"中国软件杯"大学生软件设计大赛
44	中美青年创客大赛
45	RoboCom 机器人开发者大赛
46	"大唐杯"全国大学生移动通信 5G 技术大赛
47	华为 ICT 大赛
48	全国大学生嵌入式芯片与系统设计竞赛
49	全国大学生生命科学竞赛（CULSC）－生命科学竞赛、生命创新创业大赛
50	全国大学生物理实验竞赛
51	全国高校 BIM 毕业设计创新大赛
52	全国高校商业精英挑战赛－品牌策划竞赛、会展专业创新创业实践竞赛、国际贸易竞赛、创新创业竞赛

序号	项目名称
53	"学创杯"全国大学生创业综合模拟大赛
54	中国高校智能机器人创意大赛
55	中国好创意暨全国数字艺术设计大赛
56	中国机器人及人工智能大赛

二、担任学生干部

大学校园中社会实践的机会随处可见，关键在于大学生是否想要并且能够把握住这些机会。大学生可以通过毛遂自荐的方式担任学生干部，从学生会干部到学生团委干事，从班长到寝室长，任何一个职位都可以是自己发挥自身才干、为同学服务的机会。

大学生担任学生干部可以锻炼组织管理能力、决策能力、领导力和变通力。首先，无论是召开会议、传达通知，还是统计信息，都需要学生干部协调各方人员参与，并对行为做出决断和选择。这些能力对今后的职业发展有着重要的影响，往往是企业选拔人才的标准之一。其次，当学生干部要与方方面面，与众多的同学、老师打交道，能很好地培养待人接物的技巧，为建立良好的人际关系打好基础，扩大社交圈，获得众多的朋友，这是一笔宝贵的社会资源和财富。再次，当学生干部能培养良好的品德。为人民服务的奉献精神、为他人着想的合作态度、勤恳踏实的工作作风、迎难而上的顽强斗志等，这些都能够在学生工作中得到培养和锻炼。需要指出的是，担任学生干部不能仅看重干部头衔的光环，而应注重对自我的锻炼，即使没有机会担任学生干部，只要有一颗为同学服务的爱心，善于观察、取他人之长补己之短，也可以使这些能力得到提高。最后，担任学生干部对于大学生报考选调生也是非常重要的，一些省份把学生干部经历作为选调生报考的条件之一。

三、参加校外社会实践

校外社会实践,顾名思义,是指学生利用寒暑假或双休日走出校园,身体力行,在社会生活中树立理想、拓宽视野、增长才干、服务社会。为了帮助学生走向社会学以致用,实现学生的实践意愿,学校团委、学生处等组织为学生提供包括假期和双休日的实践机会,并在组织、宣传、资金等方面给予一定的指导和帮助。每个学生要切实把握这样的机会,借此锻炼自己各方面的能力。

校外社会实践要求学生将平时所学的理论和知识与社会问题、社会现象相结合,有创意地提出问题,通过实践分析问题、研究问题,最终解决问题。学校通常会资助大学生社会实践项目,申报社会实践的学生必须精心准备和策划,构思出实践方案,通过学校组织的评审和公开答辩,才能获得资助的资格,项目实施过程,必须接受学校有关组织的监督,并将实践的最终成果上报和展示。整个社会实践的过程需要花费一定的时间和精力,并需要一定的专业知识作支持。因此,时间充裕的暑期通常是校外社会实践开展的高峰。

四、参加社团活动

社团是校园里的学生为了某些共同的兴趣或某个共同的目的所组织起来的业余团体。它可以有多种不同的类别,包括学术类社团,如马克思主义理论研究会、世界经济研究会等;体育类社团,如篮球协会、轮滑协会等;文艺类社团,如书法协会、戏剧社、记者团等。这些社团有的历史悠久、自成特色,有的虽成立不久,但发展迅速,不管怎样,每一个社团都会围绕社团自身的主题,定期组织社团活动。大学生可以根据自己的喜好和特长选择合适的社团,或是丰富自己的课余生活,或是培养自己的兴趣特长,或是加深、拓宽专业知识。总之,大学生要根据自身的特点和兴趣,充分利用学校的有利条件,充实自己宝贵的青春，为自己内涵的积淀、能力的培养而努力。如果你对某社团兴趣浓厚，又表现出色，那么就可能成为该社团的骨干，不仅可以参与各种活动，而且可以策划组织各种活动，进一步锻炼人际交往能力和组织管理能力。

五、实习体验

实习对于大学生而言很有意义，通过实习，学生们可以体验真实的工作场景，提高求职竞争力，拓展更广阔的人际关系。

大学生在实习实践中也要注意一些问题，才能提升实习的价值。首先，大学生在实习开始前要学会通过各种途径，选择、寻找适合自身发展的实习实践机会。因为在现实生活中，实习实践的岗位和机会较多，有的学生可能会因为一时的利益诱惑或其他原因选择与今后入职差异较大的工作，对自己的专业能力提升并无益处。其次，学会角色转换。大学生在刚刚进入实习单位时，往往会做一些吃力不讨好的事情，归根结底在于学生在实习期间不能及时进行角色转换。大学生要时刻以学习的态度投入到实习实践工作中，在工作中发现问题，解决问题，提高各方面能力。最后，要对周围的事物进行重新认识。实习期间，外部环境与学校相比会存在巨大的差异，大学生要向周围不同层次和水平的工作人员学习，努力感受企业文化，做到恪尽职守，获得一段有益的实习经历。

第五节　加强时间管理

威廉·莎士比亚（William Shakespeare）有句名言："放弃时间的人，时间也会放弃他。"时间管理是个体为有效利用时间资源进行的计划和控制活动，为提高时间的利用率和有效性而进行的一系列工作。时间管理能力是个体在对待时间功能和价值上表现出的心理和行为特征。时间管理的目的是将时间投入与个人的目标相关的工作,达到"三效",即效果、效率、效能。效果指期待的结果;效率指以最小的代价获得更多的结果;效能指以最小的代价获得最佳的期待结果。恩格斯说过:"利用时间是一个极其高级的规律。"那么大学生怎样才能有效地利用和管理好时间呢?

一、时间管理原则

1. 时间管理 4D 原则

(1)丢掉(Don't do it):把一些与目标无关的事丢掉不管。

(2)拖一拖(Delay it):把偏离目标的、次要的工作、信息资料不完全的任务暂时放在一边。

(3)委派出去(Delegate it):学会授权,将能委派出去的事委托别人做。

(4)自己做(Do it now):不要犹豫马上去做。

2. 帕累托法则

帕累托法则,也称为"时间四象限",是 19 世纪意大利经济学家维尔弗雷多·帕累托(Vilfredo Pareto)提出的,其核心内容是生活中 80% 的结果几乎源于 20% 的活动。因此,要把注意力放在 20% 的关键事情上。对要做的事情分清轻重缓急,进行如下排序,见表 5 – 2。

A. 重要且紧急事宜。这些事情必须立刻做,比如同学突然生病,要帮忙送去医院等。

B. 紧急但不重要事宜。只有在优先考虑了重要事情后,再来考虑这类事情。但人们往往把"紧急"当成优先原则,在这些事情上花了大量时间。比如有人突然打电话请你吃饭,接待某个不速之客等。

C. 重要但不紧急事宜。这类事情很重要,但因为没有时间压力,反而被拖延,应该当成紧急事去做。比如学习新技能、做计划、保持身体健康等。

D.既不紧急也不重要事宜,这类事情可做可不做,比如看娱乐八卦、网上冲浪等。

表 5-2　时间管理中的"时间四象限"

重要程度	紧急程度	
	紧急	不紧急
重要	A 重要且紧急事宜 (马上执行,限期完成) 1.紧急任务 2.有期限的任务 3.临近的考试 4.送同学去医院 ……	C 重要但不紧急事宜 (制订计划去做) 1.学习新技能 2.建立人际关系 3.保持身体健康 4.明确新发展机会 ……
不重要	B 紧急但不重要事宜 (可以委托别人做) 1.某些电话 2.不速之客 3.某些会议 4.公共活动 ……	D 既不紧急也不重要事宜 (对它说不) 1.琐碎事情 2.无聊的谈话 3.漫无目的的上网 4.消磨时间的活动 ……

二、提高时间管理能力

美国管理学者彼得·德鲁克认为,有效的时间管理主要是记录自己的时间,以认清时间耗在什么地方;管理自己的时间,设法减少非生产性工作的时间;集中自己的时间,由零星而集中成为连续性的时间段。

1.计划管理

计划包括日计划、周计划、月计划、季度计划、年度计划。计划管理的重点是待办单。待办单主要包括:非日常工作、特殊事项、行动计划中的工作、昨日未完成的事项等内容。待办单的使用需注意:每天在固定时间制订待办单,只制定一张待办单,完成一项划掉一项,待办单要为应急留出时间,最关键的一项要每天坚持。

2. GTD 管理法

大卫·艾伦(David Allen)在《尽管做:无压工作的艺术》提出GTD(Getting Things Done)管理法。GTD 管理法包括收集、整理、组织、回顾与行动等步骤。

(1)收集。将自己需要处理的事件(突然冒出来的想法,一会要完成的任务等)放进收集箱中,收集箱可以是草稿本、手机记事簿或者电脑。

(2)整理。在自己做记录的收集箱中,进行整理分类,将收集箱中的任务大致分为以下 7 个类目:

①两分钟内任务,指两分钟内可以完成的任务,虽然有这个分类但是不必记录,直接完成即可。因为太过细小,不值得特意花时间管理,例如给笔换笔芯,倒一杯水,擦拭眼镜等。

②单步任务,指两分钟内无法完成但是可以在单一时间段里独立完成的任务,例如写一篇文章,看一部电影等。一般此类任务数量最多,当数量过多时,还可以根据时间地点、轻重缓急再继续分类,以免无法判断任务的优先级。

③多步任务,指需要在不同时间或不同地点多步操作才能完成的任务,例如筹办一场活动。

④等待任务,指需要委托或授权给他人的任务,是自己发起但是需要等待他人完成的任务,例如让社团同学提交一份策划,让老师发一下资料目录等。

⑤日程任务,指要在特定时间完成的任务,例如参加一场学术会议,参加社团组织的比赛等。

⑥未来任务,指自己的一些想法或主意,可能在未来某一时间实

施的计划,不用立刻进行,例如想要学习一门外语,学习游泳等。

⑦信息资料,指需要查阅的资料,例如写文章时需要参考的相关文献,开展活动时的一些注意事项等。

(3)组织。组织是 GTD 最核心的步骤,简单来说就是将自己整理完的各类任务展开组织行动。(两分钟内任务应该已经处理完毕,不会进入这一步)

①单步任务:根据轻重缓急排列处理即可。

②多步任务:拆分为单步任务。例如筹办一场活动为多步任务,首先将这一任务拆分为:设计活动方案、论证方案、实施方案等多个任务,再归类于单步任务中去处理。

③等待任务:建立一张清单,方便自己追踪任务的进展情况。

④日程任务:在日历上标注管理(手机日历十分方便快捷)。

⑤未来任务:与等待任务相似,记录即可。

⑥信息资料:可根据收集箱建立资料档案,及时归纳整理。(当代办任务很多时,这一步尤为重要,快速找到相应的资料可大大提高工作效率)

(4)回顾。一般每周进行回顾与检查,通过回顾检查所有清单并进行更新,可以确保 GTD 系统的运作,且在回顾时还可计划未来一周的工作。

(5)执行。按照处理好的任务清单,依次执行,这时自己能想到的代办任务以及相关信息资料,都在计划和安排之中,所以只要放心、专注地去处理任务即可,效率将会大幅提升。

3.六点优先工作制

六点优先工作制主要包括以下几个步骤:

①在前一天晚上写下第二天要做的全部事情,包括应该完成的任务、可能遇到的状况及应对策略等,对目标、任务等分别按优先级进行排序。

②化整为零,把大的、艰难的任务细分为小的、容易的事务。

③从优先级最高的事务着手,按事情的重要顺序,分别从"1"到"6"标出6件最重要的事情。

④和拖延做斗争,从现在开始做,每天一开始,全力以赴做标号为"1"的事情,直到它被完成或被完全准备好,然后再全力以赴做标号为"2"的事情,以此类推。人们越明确,注意力越集中,就越容易在时间的选择上做出明智的决断。

4.发现自己的效率曲线

研究证明人的生理和心理曲线都呈现出高低起伏的波动状态,要达到事半功倍的效果就要了解自己的能量周期。每个人都有自己最佳工作或学习时间,即黄金时间,如有些人的黄金时间是上午9:00～11:00,有些人却可能是晚上9:00～11:00。因此,大学生必须根据自己的习惯合理规划时间。

5.养成行动的心态

提高时间管理能力的关键一步是养成行动的心态,重在执行。下面介绍简单易行的 FIRST 法,帮助大家管理好时间。

(1)专注(Focus):明确最重要的目标,专注是成功的第一前提。

(2)执行(Implement):按照短期计划,每天进步一点点,尝试不断冲破舒适区。

(3)反思(Reflect):思考时间的安排,提炼心得与经验,提高时间管理过程中的效率。

(4)反馈(Seek Feedback):多与人沟通、交流时间管理经验。

(5)延续(Transfer):将经验与心得转移到下一个计划,时间管理贵在坚持。

本章小结

1.大学生要明确大学阶段不同发展路径。

2. 要正确认识所学专业与职业的关系。

3. 在大学阶段,大学生应有意识地规划时间,学会管理自己的学业,更好地与人相处,通过广泛参加各种形式的实习实践、公益活动和社会服务,树立问题意识,学会独立思考、独立判断并辩证地分析问题;积极寻求有效的解决问题的思路;制定合理的解决方案,全方位提升就业能力。

📖复习思考题

(1)大学生涯管理包含哪些内容？写出你的大学生涯管理计划。

(2)大学专业和职业的关系是什么？你能举出相应的例子吗?

(3)大学期间如何进行时间管理？

案例分析

小王,人工智能专业大一学生。学校于 2018 年设置人工智能专业(简称 AI 专业),目前第一届本科生已经大四,54 名学生中 30 人获得保研资格,其余学生都在积极备战考研。读研仿佛是该专业学生的共同选择。

人工智能专业是目前比较热门的专业,是研究用计算机来承担通常需要由人的智能才能完成的任务,探索和模拟人的感觉及思维过程的专门学科。它主要包括计算机实现智能的原理,制造类似人脑智能的计算机,使计算机能实现高层次的应用。它涉及信息论、控制论、自动化、仿生学、生物学、数理逻辑、语言学等多门学科。它的研究从最初的博弈论、专家系统、模式识别、神经网络、机器学习,不断发展进步,直到现在的深度学习。

因为是新设置的专业,大部分学生凭借满腔热血与壮志豪情,选择了 AI 专业。学校还没有该专业的毕业生,小王想了解本专业学生的就业意向,她向学长学姐们发起了问卷调查,收回 89 份问卷,52% 的人期望未来进入华为、腾讯等互联网大厂,18% 的人期望从事游戏研发等工作,16% 的人期望进入科研所,10% 的人期望自主创业,4% 的人选择其他。

通过上网查找资料,她进一步了解到国家正在多领域打造 AI 核心竞争力,目前应用人工智能的主要行业有:城市建设、教育培训、医疗卫生、金融证券、电商服务、安防监控、智能制造、仓储物流、媒体娱乐等。各行业具体表现如下:

①城市建设:智慧城市、自动驾驶、导航等;

②医疗卫生:医疗机器人、虚拟医生、手术辅助、健康管理、疾病风险预测等;

③金融证券:股价预测、量化分析、智能投资、智能支付、智能营销等;

④智能制造:姿态识别、智能质检等;

⑤教育培训:在线教学、早教机器人、批卷阅读等;

⑥仓储物流:工序预测、路线规划等;

⑦安防监控:险情检测、人脸识别等;

⑧电商服务:精准营销、语义分析、线上销售等;

⑨媒体娱乐:场景识别、推荐系统、人工智能电视、智能中控等。

经过初步调研,小王知道 AI 专业是一门多领域的学科,是目前很多大学生向往的"热门"专业。然而机遇与挑战并存,AI 专业广阔的需求和发展空间,需要 AI 人才具有非常雄厚的知识储备,也需要该专业学生比其他专业学生学习更多、更复杂、更硬核的课程。小王暗暗下了决心,一定要好好学习,做对国家科技发展有贡献的 AI 人。"未来已来,不负每一天,不负青春的你我!"这是她对自己和同专业学生的祝愿。

案例讨论

1. 人工智能专业的毕业生能从事哪些职业?

2. 你所学的专业未来能从事哪些职业?

活动锻炼

1. 制定自己的大学目标和学业规划。

2. 参照本章介绍的时间管理方法,进行自己的时间管理。

本章参考文献

[1]陈姗姗.大学生职业生涯规划与就业创业指导[M].重庆:重庆大学出版社,2017.

[2]曲振国.大学生就业指导与职业生涯规划[M].北京:清华大学出版社,2018.

[3]王长青.大学生职业生涯规划与发展[M].南京:南京大学出版社,2017.

[4]陈磊,张晓敏,黄利梅,等.大学生职业发展教育[M].重庆:重庆大学出版社,2018.

[5]董文强,谭初春.大学生职业生涯规划[M].西安:西北工业大学出版社,2009.

[6]郭帆,崔正华.大学生职业生涯规划与就业指导[M].南京:东南大学出版社,2018.

[7]杨克林.大学生职业生涯规划[M].北京:北京理工大学出版社,2015.

[8]新华网.用青春书写华彩篇章:习近平对当代大学生的期待[EB/OL]http://www.xinhuanet.com/politics/xxjxs/2019 – 10/31/c_1125176123.htm

本章金句

第六章　如何在求职中脱颖而出？

情境导入

小李,哲学专业大四学生,在校期间的成绩和表现都还不错,目前一直在忙着找工作,网投了很多简历,但都石沉大海,没有回音。她很郁闷,学长告诉她,简历很重要,同一份简历,在投不同的企业时,一定要根据企业要求重新包装,围绕岗位突出自己的优势。她吸取教训,针对一家国企的文秘岗位,重新梳理简历的内容,突出自己文字处理和管理沟通能力。获得面试资格后,她特别开心,认认真真准备面试,但面试时由于太紧张,尤其是和几个"双一流"高校学生竞争这一岗位,她自信不足,有几个问题答非所问,结果面试以失败告终。她很苦恼,求职的挫折感让她对自己的能力产生了怀疑。她想知道如何调整好自己的心态？如何准备一份让招聘者眼前一亮的简历？如何在面试中表现优秀？希望本章内容能给她自信,帮助她在未来的求职中脱颖而出。

内容摘要

大学生求职要经历一个持久的过程,要通过系列严格选拔。面对复杂的求职环境,大学生根据自己的实际情况和人才市场的需求,在充分做好信息准备、心理准备、资料准备的同时,熟练地掌握相关求职技巧,才能在整个求职过程中得心应手,做到游刃有余。

本章首先探讨在具体求职行动中,大学生需要了解的基本求职流程,以此求职流程来开展个人的求职行动;其次叙述求职行动中最重要的三个方面:简历撰写、面试准备、心理调适。大学生要掌握简历撰写方法、熟悉求职面试过程和技巧,调整好心态,以获得成功。

◉ 教学目标

思政层面

·调整求职心态,表现自己的优势。

知识层面

·了解求职基本流程。

·了解简历的基本内容。

·了解面试过程。

技能层面

·掌握简历撰写方法。

·掌握面试内容及求职基本礼仪。

·掌握常见面试问题及回答策略。

·掌握基本的求职礼仪,塑造良好的求职形象。

·掌握心理调适的方法。

第一节　了解求职流程

求职流程一般是指求职者从明确求职目标到获得求职机会的整个过程,包括6个步骤:职业的选择和定位,收集招聘信息,根据招聘要求撰写简历和求职信,面试,签约,初入职场。

(1)职业的选择和定位。大学生要根据职业世界探索和自我探索,进行职业的选择和定位。

(2)收集招聘信息。大学生确定自己的求职方向后,要通过各种渠道收集招聘信息。

（3）根据招聘要求撰写简历和求职信。一份完整的求职材料应该包括：中文简历（英文简历则可视情况而定）、求职信、等级能力证书复印件、获奖证书复印件、实习鉴定等。

（4）面试。大学生要根据企事业单位要求，积极准备面试。面试之前，应尽可能多地了解该单位的文化背景、产品运营、招聘流程、同类职位薪酬等信息。如果面试单位是知名企业，那么可在网上搜索别人的面试经验，对一些面试技巧、礼仪等进行练习，以克服紧张和羞怯感，也要注意着装。

（5）签约。面试结束后，正常程序是签订劳动合同。签约之前，注意了解一些劳动合同方面的法律常识，如试用期、休假等。其中，与就业相关的法律，如《中华人民共和国就业促进法》增加了很多有利于求职者的条款，与劳动相关的法律，如《中华人民共和国劳动法》《中华人民共和国劳动合同法》《中华人民共和国劳动争议调解仲裁法》《工资支付暂行规定》《职工带薪年休假条例》《工伤保险条例》等，这些相关法律维护劳动者的合法利益。

（6）初入职场。签约是求职之路的终点，但又是另一段征途的起点。从试用期起，大学生将真正告别校园走入社会，开始事业的旅程。工作之初，大学生需学习工作方法、人际关系处理技巧，多积累经验、提高能力并规划职业生涯。

第二节　准备求职材料

求职是一个双向选择的竞争过程，在这个过程中虽然最终起决定作用的是求职者的实力，但介绍求职者具体状况的求职材料的作用也不可忽视。对于高校毕业生而言，精心制作个人的求职材料是成功求职的基本环节,就如同商家推销商品一样,有过硬的优质产品,还得加上精美的包装和完善的产品说明才能更好地吸引消费者。一份精美、全面的求职材料不仅是对自己多年学习、实践的总结,也是向用人单位全方位展示自我的重要手段,可以使大学生求职事半功倍。

一、求职材料

求职材料是毕业生全面介绍个人基本情况、全方位展示自己学识、技能、风采的各种说明性文件和证明资料。一般而言,一份全面的、有影响力的求职材料应包括以下内容。

1. 求职信

求职信又称自荐信、自我推荐书,是指求职者以书信的方式自我推荐、表达意向、阐述求职理由、提出求职要求的一种应用性信函,是用人单位了解求职者基本情况的一个窗口。目前大学生主要通过校招方式求职,校招基本上都是现场投递简历,或者网上投递简历,不需要写求职信,而社招时通常需要写求职信。求职信是求职者向用人单位表明自己的求职愿景和诉求,表明自身期望和诚意的专门信函,是求职材料的基础内容。

2. 个人简历

简历是求职者向用人单位简单说明自己过去学习和工作的经历,介绍个人基本状况,初步展示学识、能力、个性特点、风采风貌的书面文件。

3. 毕业生就业推荐表

高校《毕业生就业推荐表》是由省级就业服务中心或学校统一印制的,用于向社会推荐合格统招毕业生的法定书面文件。《毕业生就业推荐表》内容全面,能基本反映毕业生学习、工作状况和学识、能力状况。《毕业生就业推荐表》是官方认证的具有权威性的材料,在求职材料中具有举足轻重的作用,也是必需的一环,各用人单位高度认可,把《毕业生就业推荐表》放在求职材料中可以大大提升求职材料的可信度和影响力。

4.各类证明材料

证明材料是指用于强调自己所取得的成绩或具备某种能力、资格的各种证书及文件等材料。证明材料通常包括以下内容:毕业证书、学位证书、各类学历证明和结业证书;获得奖学金以及"三好学生""优秀学生干部""优秀团员""优秀毕业生"等荣誉称号的获奖证书;英语、计算机水平等级证书,专业技能等级证书;社会实践、征文比赛、文艺演出、体育运动会、社团活动等获奖的荣誉证书;在正式出版物上发表过的文学作品、科研论文、美术设计作品、音像作品、摄影作品及各类小制作、小发明、小创作的图文资料;其他有关专长、爱好的证明材料等。

5.学习成绩单

学习成绩单是学生学业状况的反映。学习成绩单不仅体现学生对专业知识的掌握度,而且也反映出大学生的学习和人生态度。很多单位对大学生学习成绩单较为重视。

6.其他材料

为了加深招聘单位对自己的印象,或者根据用人单位的不同要求,大学生有时还需提供其他材料,如学校及学科专业介绍、报名表、身份证、学生证、政审材料等。

二、简历撰写

简历是最重要的求职材料之一,是自我推销的工具,用来展示一个人的工作技能及其对未来就业单位的价值。简历的主要目的是帮助求职者获得面试机会,因此,简历应该包含求职目标,以及与这一目标相关的技能、经历和成就等。

1.简历格式

(1)一张 A4 纸。不要有主观评价,不要让无关紧要的兴趣爱好占用纸张。

（2）模板简单大方。现在很多网站会提供简历模板，挑选一个适合求职岗位、适合自己风格的模板。模板不要太花哨，字体统一，颜色不超过三种，注意字体大小、间距，重点内容要加粗。

2. 简历的主要内容

（1）求职岗位。简历一定要写明具体的求职岗位，如网络编辑、计算机软件开发工程师、办公室文员、销售等。

（2）个人信息。个人基本信息包括姓名、性别、年龄、政治面貌、户籍、联系方式等。

（3）教育背景。采用时间倒叙的方式，写本科和研究生的教育经历就好。如果有辅修专业或者有参考性强的培训经历，那么根据与应聘职位的相关性合理安排与第一学位的主次位置，最好把成绩绩点也写上。

教育背景

| 2018.09 至今 | XXX 大学 | 核工程与核技术（硕士） |

◇核反应堆计算物理方向，专业综合排名 7/25

| 2014.09 – 2017.06 | XXX 大学 | 核工程与核技术（本科） |

◇核工程与核技术方向，专业综合排名 9/64，均分 90 +

◇辅修专业：会计学

（4）实习经历。第一行写工作起止年月、公司名称、实习岗位，接着描述工作内容。选取三段和求职岗位有关的经历即可。

实习经历

| XXX 证券 | 投资银行部实习生 | 2019.06—2019.09 |

◇参与某科创板 IPO 项目及某新三板项目，参与撰写招股说明书中的可比公司比较分析等内容，核对银行流水与客户账面记录，根据供应商走访名单及往来账务等制作各供应商采访提纲

◇参与科创板新三板上市的相关要求及保荐机构的财务核查工作等

（5）项目经历。第一行说明项目背景、项目时间，下面重点描述自己在项目中所负责的工作内容及成果。

项目经历

"创青春"全国大学生创业大赛　　　　项目负责人　　　　2020.03—2020.11
·参与组建和管理一个由 6 人组成的团队开展参赛项目——西安六一网络科技有限公司，斩获国赛金奖。
·独立撰写项目策划书一半的内容，并整合优化 BP，制作宣传视频，进行项目申报、推动答辩等

（6）校园经历。选择和求职岗位相关的、有代表性的经历来写。

校园经历

2020.09—2020.11　2020 年中国大学生方程式汽车大赛　　　　　　　　一等奖
·担任 XXX 大学方程式车队营销顾问，带队参加 2020 年中国大学生方程式汽车大赛，设计赛车园区运营方案，获得营销静态赛一等奖。
2021.10 – 2021.11　XXX 大学基金管理团队　　　　　　　　监察经理
·担任 XXX 大学基金管理团队的监察经理，基金总额约 500 万元，旗下监管团队 15 余支，均为 XXX 大学研究不同方向社会课题的优质团体

（7）荣誉奖项。挑重要的写，比如国家奖学金、优秀毕业生等。

荣誉奖项

2021 年　荣获 XXX 大学优秀研究生标兵
2021 年　荣获 XXX 大学优秀毕业生
2020 年　荣获全国大学生创新训练项目国家级推荐项目
2020 年　荣获美国大学生数学建模竞赛 H 奖
2019 年　"挑战杯"科技类竞赛校内赛优秀奖

（8）个人技能。个人技能包括办公技能、专业技能、语言技能等。对于技能，不要仅用"很好""一般""熟练""精通"表述，最好通过具体事件和结果表现出技能，或者用公认的证书、资格等级表述。

个人技能

◆英语技能：CET6：560；CET4：582；雅思7.0

◆IT 技能：计算机二／三／四级

◆熟悉 Office、Matlab、CAD、Visio 等处理软件的使用；ICEM、Fluent 等仿真软件有一定应用基础

（9）自我评价。自我评价并非必写项，如果要写请避免套话。通常而言，如果简历中的其他内容，写得比较充实，自我评价可以省略，若一定要写，建议把这部分写成对简历其他部分所陈述事实的抽象概括，换言之，要基于事实来自我评价，而不要总是说一些诸如"学习能力强"等套话。

3.撰写简历的注意事项

（1）内容要真实有效。简历最基本的要求就是确保内容真实。有许多初次求职者，为了能让公司对自己有一个好的印象，往往会给自己的简历造假，这是坚决不行的，"简历如人"，诚实是做人的根本，务必保障简历的真实性。

（2）语言要言简意赅。简历尽可能控制在一页中，冗长的简历不但让招聘者觉得你在浪费他的时间，还可能得出求职者做事不干练的结论。言简意赅，流畅简练，让人一目了然的简历，在哪里都是最受欢迎的，也是对求职者个人能力最直接的反映。所以，简历应在重点突出、内容完整的前提下，尽可能简明扼要，不要加入无关紧要的说明，多用短句，每段只表达一个意思。

（3）内容应重点突出。招聘者通常会用很短的时间来审阅简历，因此简历一定要重点突出。一般来说，大学生应当事先对应聘企业和职位进行必要的分析，有针对性地设计、准备简历，巧妙突出自己的优势，给人留下鲜明深刻的印象，有说服力，而又合乎情理。

（4）用 STAR 法突出优势。很多大学生在写简历的时候不知怎样突出自己的优势，可以用 STAR 法突出优势，让简历更充实。STAR 法是情境（Situation）、任务（Task）、行动（Action）、结果（Result）4 个英文单词首字母的合称。STAR 法最开始是面试官用来提问的一个逻辑框架，用来收集面试者与工作相关的具体信息和能力，后来这个方法也被越来越多的求职者用到简历撰写中。

①情境：描述任务的背景。这部分告诉招聘者你为什么会去做这件事情。

②任务：描述当时的任务。这部分告诉招聘者你在上述情境下怎样明确自己的任务。

③行动：描述当时做了什么。这部分告诉招聘者你为了这个任务所付出的行动和可能的替代方案。

④结果：描述行动的后果。这部分告诉招聘者你从行动中得到了什么，是否完成目标，有哪些经验教训等。

建立＊＊＊＊大学＊＊官方爱好者团队，线上举办咨询，互联网、快消等行业普及，面试经验相关讲座；线下见面会进行读书分享，时事热点讨论，出国分享等活动；与＊＊官方协定为用户争取了一定数量的内推名额。

连续在三个年审期间实习，先后接触资管、快消、游戏等行业，实习表现评价均获得最高评分（Excellent：1 分）。

梳理内在逻辑，搭建底稿框架，完成审计底稿编制，涉及固定资产、无形资产、短期投资、短期借款、管理费用、财务费用、长期股权投资等多个科目；利用 Vlookup 函数、数据透视表梳理大额资金往来等；报告上数及核对审计报告等

（5）用数字让简历更有说服力。数字具有神奇的魔力，把经历量化会给人留下深刻的印象，也更有说服力。简历中常见的可以数字化的内容主要包括以下几个方面：

①金额：例如任职当年完成了多少金额的销售业绩。

②效率：例如改进了某个程序的算法结构，执行效率提升的百分比等。

③数量：例如拜访了多少家客户，促成多少合作，运营的公众号达到了多少阅读量等。

> 对接＊＊官方开展＊＊＊＊大学特色活动，对接相关物料超过2000件，引流用户加入＊＊校园广场，同时收集分析相关问题，反馈给＊＊官方，保持用户黏性；
>
> 参与设计了公众号裂变涨粉活动，净增粉丝2万＋，裂变率达1126.07%；
>
> 负责知识付费社群运营，实现用户零的突破，累计用户2000＋，日均产出优质内容达61%，知识付费KOL占比近40%；
>
> 优化知识付费课程矩阵，结合用户画像建立了长期的用户成长线，用户返购提高，助力打入有赞知识付费2019年度前10；
>
> 负责4期知识付费课程的社群运营，以课程班长身份带班超400人

（6）用专业术语突出专业性。每个行业都有自己的专业术语，看到DAU、用户留存率、KOL就知道是做运营的；看到重复购买、客户转换率就知道与营销、销售有关。简历中多用一些专业性词汇，能让招聘方迅速了解你有哪些方面的经验，如果得到认同，就会提高获得面试机会的概率。

（7）词语使用要准确。许多招聘者都很讨厌简历中有错别字，他们认为有错别字说明求职者的态度不端正，素质不高。因此，最好不要使用拗口的语句和生僻的字词，更不要有病句、错别字。外文书写要特别注意不要出现拼写和语法错误，一般招聘人员考察求职者的外语能力通常是从一份简历开始的。同时行文也要注意准确、规范。句式以简明的短句为好，文风要平实、沉稳、严肃，以叙述、说明为主，动辄引经据典、抒情议论是不可取的。

简历如人，大学生要认真撰写简历，围绕求职岗位，突出优势，才有可能在众多求职者中被关注，进而进入面试环节。

第三节　求职面试

面试是用人单位招聘时最常用的一种考核方式,它突破了笔试的局限,比笔试更为全面、有效和贴近实际。通过面试,用人单位可以全面了解求职者的基本情况和各种能力,可以预测求职者与应聘职位匹配程度及未来发展潜能。对求职者来说,面试是一个充分展示自己,进一步了解用人单位的良好机会。大学生应该对面试有全面的认识,了解面试的相关知识,掌握必要的方法与技巧,做到在面试中充分地表现自己,力争求职成功。

一、面试类型

按照不同的标准,面试可以被划分为不同的类型,例如,按结构化程度,可分为结构化面试、非结构化面试和半结构化面试;按目的不同,可分为压力面试和非压力面试等。下面介绍几种常见的面试类型。

1.结构化面试

这种面试方法是由面试官根据事先准备好的询问题目和有关细节按程序逐一发问,目的是获得有关求职者的全面、真实的材料,观察求职者的仪表、谈吐和行为,预测其未来职位发展能力。结构化面试通常包括关系建立阶段、导入阶段、核心阶段、确认阶段。

(1)关系建立阶段。面试官主要问一些封闭性问题,建立友好的交流关系,例如,路上堵车吗? 你怎么过来的?

(2)导入阶段。面试官主要问一些开放性的问题,例如,你为什么想申请这个岗位? 你认为自己是一个勤奋上进的人吗?

(3)核心阶段。面试官主要问一些行为性问题,了解求职者基本素质和解决问题的能力,例如,你在实习过程中遇到的最难处理的事情是什么? 你是如何处理的? 结果如何?

(4)确认阶段。面试官主要问一些开放性问题,如你觉得这个岗位的职责是什么? 你适合这个岗位吗? 假如你加入我们公司,你会怎么做?

2.自由交谈式面试

面试官海阔天空地与求职者交谈,让求职者自由地发表议论,面试官原则上中途不进行干扰,在闲聊中观察求职者的素质、能力、知识、谈吐和风度等。

3.情景式面试

面试官设定一个情景,如提出一项工程计划,一个销售目标等,让求职者设法完成。其目的在于考核求职者处理特别情况或解决客观问题的能力。回答情景题的基本原则是让面试官知道你是怎样思考和怎样解决问题的,关键不是得到“正确”的答案,而是演示获得答案的正确方式。

4.压力式面试

面试官有意识地对求职者施加压力,提出尖锐的问题或针对某一问题做一连串的发问,甚至追根问底,目的在于观察求职者在压力下的反应,判断其应变能力。

5.无领导小组面试

该面试通常由一组求职者组成临时工作小组,在规定时间内,讨论给定的问题,并做出决策。讨论过程中不指定谁是领导,也不指定求职者应坐的位置,让求职者自行组织安排,目的在于观察求职者的组织协调能力、口头表达能力、辩论的说服能力等,考察其是否达到拟任岗位的要求。无领导小组讨论的角色一般为领导者、控时者、记录者和其他成员。

①领导者。领导者表现优异容易被面试官关注,但如果不胜任,

也容易被"记忆深刻"。优秀的领导者应该给出逻辑可行的讨论框架，启发队员的讨论思路，并让大家的讨论更有方向性，当队员出现争论时，要能迅速调节讨论方向，更加聚焦讨论内容，形成最终方案。

②控时者。控时者是一个表现差异很大的角色。一般的控时者只是记录并提醒时间，在小组讨论中几乎无存在感，而优秀的控时者却可以全程掌控节奏，像隐形的领导者，保证每个人都有表达观点的时间，帮助团队顺利完成解决方案。这个角色对于那些觉得自己领导能力不足的大学生，是一个不错的选择。因为控时者几乎不用承担讨论结果失败的责任，表现好却很容易出彩。但如果团队中有一个优秀的领导者，控时者将很难发挥优势。

③记录者。记录者是在团队讨论过程中记录发言的人。一般应聘文秘、财务、行政岗的人适合做记录者。优秀的记录者可以展露自己的认真细心、条理清晰、字迹工整、归纳整理等能力。但记录者在记录的过程中，不要忘了贡献自己的观点，并根据记录内容及时准确地给出相关信息，为团队的最终方案贡献自己的力量。

④其他成员。其他成员是指团队中其他表达自己观点、贡献自己想法的参与者。这些成员主要是表达自己的观点，说出自己的想法，补充或完善解决方案。要想在这个角色中给面试官留下深刻印象，注意不要花太多时间重复或反对别人的观点，尽可能地补充新的观点，且表达观点时要有理有据，有逻辑。

在实际面试过程中，面试官可能采取一种面试方式，也可能同时采用几种面试方式，以达到全面考查的目的。

二、面试内容

用人单位面试的目的主要是通过对求职者的各项素质进行有效测评，检测其能力与应聘职位的匹配度，并预测其以后在工作中的发展潜能，以选拔适合组织发展需要的人才。为达到这一目的，面试可能对求职者的各种能力进行检测。通常,用人单位面试考查的主要内容包括以下几个方面。

1. 背景

主要考查求职者的个人情况及阅历,如民族、性别、身高、视力等自然状况,家庭主要成员及社会关系,文化程度、毕业学校、所学专业,接受过哪些培训,从事过哪些工作,参加过哪些社会活动等。

2. 知识

主要考查求职者的知识层次,包括所学专业课程、学习成绩、专业知识掌握程度、外语和计算机水平等。

3. 能力

能力包括表达能力、综合分析能力、领导与组织协调能力、自我控制能力、应变能力、人际交往能力、写作能力等。

4. 情商

考查求职者的人生观、价值观、敬业精神、人际关系状况、处理人际关系的技巧、适应能力和自我激励能力与进取心等。

5. 求职动机和工作态度

主要考查求职者来本单位工作的目的,求职者对什么工作感兴趣,求职者个性特点与专业结构是否符合职位需求,了解求职者过去的工作学习态度、预测毕业生未来的工作态度等。

6. 形象

形象包括求职者的相貌、言谈举止、仪容仪表、行为礼仪等。

在具体的面试过程中,用人单位并非测评求职者的所有素质,而是根据企业文化和岗位要求,有选择地去测评需要测评的素质。但是,为了做到面试时得心应手,大学生就必须对面试内容做全面了解,并从各个方面加以准备。

三、面试环节

不同用人单位的面试环节安排会不同,但大体上可以归纳为以下几个环节。

1. 电话/网络面试

该环节通常是面试双方进行一对一的电话/网络聊天,面试官针对简历提出一些简单的问题。该环节主要考察沟通能力,有时候也会考察英语口语能力。

2. 群体面试

面试官会给一个实例,小组成员共同解决。通常5～10个求职者为一个小组,每个小组会有2～3名面试官。在面试过程中,面试官通常是站在小组成员的身后或一侧,每位面试官只关注自己负责的求职者,每位面试官会负责3～4人。群体面试主要考察求职者的团队合作能力和沟通能力。

3. HR 面试

该面试环节主要是行为面试,面试官会更注重求职者的性格、气质、价值观是否符合公司文化。

4. 经理面试

经理面试通常由行为面试和专业能力面试组成,主要考察求职者是否具备基本的专业能力、是否适合应聘岗位等。

四、面试技巧

对于大学毕业生来说,面试是一个复杂而又较难把握的重要求职环节。这个环节需要大学生着眼细微,把握细节,关注每一具体环节的注意事项。

1. 面试前的准备

大学生多缺乏面试经验,为了在面试中获得好的成绩,必须在面试之前认真做好各项必要准备,做到未雨绸缪。

1)了解用人单位的整体状况

为了在面试中做到知己知彼,大学生在面试前必须对用人单位的整体状况有深入细致的了解,如单位的性质、所处行业情况,企业产品,企业营销模式,企业顾客群,企业竞争对手,企业战略,企业文化以及企业的组织结构、地理位置等。

2)了解职位的基本职责

求职者的目的就是向用人单位证明自己为什么是这个职位的最佳人选。所以,面试前一定要尽力了解该职位的基本职责,这些应该能在工作职责说明中找到。在面试的时候尽可能说出相关信息证明自己可以胜任这些职责。

3)形象准备

面试前要根据应聘的单位和职位的性质对形象进行设计,使自己的衣着打扮、外表形象符合职位的客观要求。尽管现在很多工作场所对着装的要求越来越随意,但参加面试最好还是穿得正式些。这样做也是对面试官的一种尊重,正式的着装表明你认为这不是一次随意的接触,而是一次重要的会面。

4)熟悉常见的面试问题

面试前,大学生可以根据应聘职位特点给自己提问,然后自我回答,进行模拟面试,在面试时就不会无从应对。面试时常见的提问有:你为什么想要应聘这个职位? 为什么想加入本公司? 我为什么应该聘用你? 你的职业规划是什么? 你对未来3年的期望是怎样的? 你期望怎样的工资待遇? 你还有什么问题吗? 回答问题具有一定技巧,但建议顺从本意,真诚回答,不要为了讨好面试官,违心回答问题。

5)面试材料准备

面试前要准备好相应的材料,如面试通知单、学生证、身份证、简历、推荐表、成绩单以及各种资格证等求职材料(还应准备好复印件),同时还应准备好面试用的照片、记事本、通信工具和笔等。如果对地方不熟,就要提前熟悉路线。

6)面试心理准备

面试前大多数人都会紧张,要注意心理调适,树立自信、随机应变;沉着礼貌、表情自然;扬长避短,态度诚恳。心里可以默想"我没经验,其他人也不一定有经验,大家都差不多",也可以深呼吸,这些有助于缓解焦虑和紧张。

2.面试中的基本内容

1)自我介绍

自我介绍是求职者与面试官建立互动关系的第一步,一般用2~3分钟即可。面试官最希望知道的是求职者能否胜任工作,包括具有哪些优势,哪些技能,个性中哪些方面适合应聘岗位。面试官将会对求职者的精神面貌、表达方式、对工作的渴望态度等进行初步的判断,形成至关重要的第一印象。自我介绍除了姓名、年龄、爱好、工作经验等,求职者要清晰说明为什么你的教育背景、技能、实践经历等能满足用人单位的要求,要突出积极的个性和做事的能力,说得合情合理用人单位才会相信。

2)背景陈述

背景陈述重点考核求职者是否具备与未来工作要求相符或者超越的基本能力。求职者要根据用人单位的岗位需要推销自己。

3)交流讨论

交流讨论这是面试过程中最关键的部分,面试官试图把求职者的资质和职业兴趣与单位可提供的工作职位进行有机对应。在这一阶段,求职者应该针对所讨论的话题进行富有建设性和吸引力的对话,还可以结合没有涉及或没有充分展开的问题与面试官进行交流。

4）专业测试

对技术型的职位，还需要通过专业测试考察求职者的专业能力。

3. 面试中的沟通技巧

面试是一个双向交流沟通的过程，在这个过程中，求职者要积极主动地推销自己，必须注意面试中的沟通策略，掌握恰当的沟通技巧。研究表明，被录取的通常是那些一半时间表达，一半时间倾听的人。所以，面试中善于倾听与表达同样重要。

1）善于倾听

倾听是一种重要的交流技巧。面试的实质就是面试官与求职者进行信息交流从而获得全面评价的过程，在形式上主要表现为"说"和"听"。求职者注意听，不仅显示对面试官的尊重，而且通过专心听，可以抓住面试官提问的实质，否则，就可能不得要领，答非所问。在面试中，倾听应注意以下几点：

（1）坐姿有精神。身体要稍稍向前倾斜，不要往后靠，手脚不要有太多的动作，表明你很认真，并对讨论的话题很有兴趣。

（2）礼貌地注视提问者。目光要专注，并且要不时地与提问者进行眼神交流，视线范围大致在鼻尖以下胸口之上，切不可东张西望、心不在焉。

（3）要适时对提问者的谈话做出恰当反应。如点头，或说些诸如对、很好、是的、不错等简短话语肯定对方谈话内容。这样会显示出你的认真、真诚和对提问者的赞同。

（4）表情和蔼，面带微笑。微笑给人温和的感觉，表示你的理解、赞同和诚意。适度的笑声可以活跃气氛，但不可无所顾忌地开怀大笑。

2）善于回答

面试时要善于说，要让面试官相信，你已经准备好了，有能力胜任这份工作。准确、灵活、恰当的语言表达，是面试的关键环节，回答问题本身就是推销自己的过程。

（1）回答要注意以下几个方面。一是让用人单位明白你能解决他们想要解决的问题，并且体现出你善于与人共事。二是谦虚自信，不要过于夸大自己，把自己说得无所不能，也不要贬低自己，把自己说得一无是处。沟通时采用先抑后扬的方式来展示自己大都会得到认同和信任。三是借用他人的评价来肯定自己。借用他人来肯定自己既具有很强的说服力，又不至于让面试官认为你自以为是，目空一切。如"在本科4年中，我每年都拿一等奖学金，由于专业成绩较为优秀，我院学术带头人、博士生导师张老师让我去他的实验室做助理，他对我的工作给予了肯定。在张老师的指导下，我在核心刊物上发表了两篇学术论文，我院××主任认为我的论文观点新颖，有创新，准备把它作为一个研究课题继续研究下去……"像这样借他人之口推销自己，既有言证、物证，又有强有力的人证，容易使人信服。

（2）面试中的语言表达技巧可以从以下几个方面把握。一是语言流利，口齿清晰，文雅大方。表达时要注意发音标准，吐字清晰。合理控制话语的速度，确保语言流畅（但不要让人感觉在背诵）。二是注意反应，适时调整。面试交谈中，应随时关注面试官的反应，并根据其反应调整谈话内容和谈话方式，例如，面试官侧耳倾听，可能说明自己声音过小；皱眉、摆头则可能表示自己言语有不当之处，求职者根据考官的这些反应，要适时地调整自己的语言、语调、语气、音量、修辞、陈述内容等，力求取得良好的面试效果。三是用STAR法描述过往经历，通过案例和细节突出自己的优点和能力。在回答问题时，求职者应该注意4个"一下"，即没听懂要问一下，不确切要重复一下，难回答要想一下，答完了要停一下。

3）善用肢体语言

肢体语言在沟通过程中有着十分重要的作用，举手投足展现发言人的精神风貌，反映其修养与处世态度。在求职沟通过程中，大学生要懂得运用肢体语言来提升沟通效果。

总之,沟通技巧不是在面试前"临时抱佛脚"掌握的,而是通过参加各种项目、课堂大作业、实践实习等活动逐步习得的。大学生在日常生活中要有意识地提升自己的倾听能力和沟通能力。

4.面试结束的表现

1)理性提问

通常面试快结束时,面试官会问求职者是否有补充或问题,这个时候,求职者应该至少提一个问题。如果一言不发,就会给对方造成两种印象:一是你可能对该企业没多大兴趣,没什么可问或不想问;二是你可能没有想法,能力不足。面试中的提问是一门艺术,大胆地提出问题,可以体现出稳重、有主见、善于观察思考的个性特点,也可以反映求职者良好的心理素质和对这份工作的重视。但向用人单位提问时不可以随便,要特别注意提问的内容要合理,避免提敏感话题,如工资待遇、职位要求、福利要求等,也要避免提面试官不懂的问题,如专业技术问题等;提问内容最好是与个人利益没有直接联系但与企业整体形象和招聘活动有关的概述性问题,例如可以问关于企业文化、企业经营模式、企业综合优势、企业发展前景等相关问题,而不要问你们到底招多少人、招聘能否保证公平、我能被录用吗、给我待遇怎样等问题;提问内容不要太多,面试中向面试官提问并非越多越好,"打破砂锅问到底"可能反映出你对应聘企业的无知,同时由于面试时间安排紧张,过多的提问会让面试官产生厌倦心理。

2)礼貌退场

面试官宣布面试结束后,应礼貌道谢,并及时退出面试考场,最好不要再提问,也不要补充、做额外的解释。无论面试表现如何,都应冷静,从容退出考场。如果确实有需要更正、解释和申明的,可以和接待人员联系,也可以在面试全部结束后向面试官说明。

3）适时致谢

通常面试结束后1~2天内,求职者会被告知面试结果。如果收到"通过"的信息,要对面试官表示感谢,如果一直未收到结果信息,可能是没有通过,如果不确信,可以咨询面试官结果,不管有没有通过,都应该对面试官表示感谢。

4）总结反思

面试结束后,花10~15分钟对面试过程进行总结分析,发现失误与不足,分析其原因,并想弥补的办法。例如哪些问题比较难回答?忘记说什么了？在下次面试中应该做哪些改进？这都有利于在后续的面试中获得主动,增加得到一份期望工作的概率。

第四节　注意求职礼仪

一、面试时应注意的基本礼仪

（1）较强的时间观念。提前到达面试地点,既表示了诚意,又可调整自己的心态。

（2）出入场要有礼貌。求职者应先敲门,在得到允许后才可以进入面试现场。应向面试官问好致意,并做自我介绍,此时可以顺手递一份自荐材料,在面试官许可后方可入座。坐姿要端正,不要有小动作。离开时应说"谢谢,再见！"

（3）在交谈过程中要认真聆听,不要左顾右盼,不要随意走动,不要未经允许翻阅用人单位的资料,手机调至静音。举止文雅大方,谈吐谦虚谨慎,态度积极热情。

（4）握手有技巧。注意姿势、伸手的顺序、握手的力度。

（5）恰当运用肢体语言。一颦一笑，一举手一投足，都是肢体语言。在面试中，不妨谨记以下这些小细节：与面试官对视时，切忌目光躲闪；仔细聆听，面带微笑；措辞严谨，回答简洁明了；乐观、积极。这些丰富的肢体语言和恰当的语音语调会使你的面试锦上添花、事半功倍！

（6）讲诚信。有些求职者为了得到工作机会，在面试中采取撒谎策略。成败在细节，面试时不要急功近利，有经验的面试官很快会区分出谎话与真话。诚信是中华民族的传统美德，是一个人安身立命之本，千万不要在面试时说谎，不然会失去自己心仪的工作机会。

二、面试服饰选择

求职者的外在形象是给主考官的第一印象。求职者外在形象的好坏在一定程度上会影响其能否被录用。恰当的着装能够弥补自身的某些不足，面试时，一定要注意着装，凭自己的独特气质，脱颖而出。

面试时的装扮要大方得体。运动装、超短裙、露趾鞋等都不适宜，勿穿新衣，勿浓妆艳抹，不要标奇立异。整洁最重要，头发和指甲要干净，衣服要整齐，皮鞋要洁净。作为一个年轻人，穿着仪表首先要体现青春和朝气，展示于社会的第一印象应该是大方、整洁。当然，由于招聘单位和岗位的不同，对仪表服饰的要求也会有所变化：国家机关进行招聘，希望未来的公务人员衣着端庄，体现稳健踏实的作风；公司企业（尤其是外企）注重整体形象的漂亮、明快。大学生可以根据不同的职业场合选择对应的服装，强调服装与工作性质、场合的统一、协调。

第五节　求职心理调适

大学毕业生人数逐年增加,市场需求和大学生能力间的结构矛盾日益突出,大学生就业形势严峻。部分大学生在求职过程中不断碰壁,或遭遇挫折,很容易产生较大的心理压力,出现焦虑、紧张、退缩、自我否定、自卑、失眠、攀比、逃避等心理和行为问题,尤其当其他同学已经找到理想的工作时,其焦虑情绪将达到顶峰。大学生要学会自我调节,保持良好的心态,寻找就业机会。

一、求职常见心理问题

大学生求职常见心理问题主要有以下几种。

1. 盲目从众心理

很多学生找工作的时候跟着凑热闹,随波逐流,什么工作热门就去找什么工作,从不考虑自身情况。这往往导致时间和精力的浪费,不仅不能发挥自身优势,反而错失最佳就业时机。

2. 自大自负心理

有的学生认为自己有很多证书,也有名校毕业证等,自信满满,就给自己定位了高起点:"非世界500强不去。"可是他们还没有认识到工作中需要的是更多的实践经历,自信一旦过头就会变成自负,用人单位更喜欢脚踏实地而非自负自大的人。

3. 自卑消极心理

有的学生因所学专业不理想,与自己期望的职业不匹配,以及综合素质不如其他同学,再加上求职屡次受挫,便会产生强烈的自卑感和焦虑感,并进而转化为自卑心理,发展到害怕求职,不敢面对招聘者,这样更增加了就业的难度。

4.被动依赖心理

有的学生在择业就业时,对求职单位是否适合自己,一味依靠他人意见进行取舍,表现出较强的依赖心理,但其实自己需要什么只有自己最清楚。

二、求职心理问题应对策略

面对这些消极的就业心理问题需要及时找到应对策略。

1.正确评估自己和职业环境,适度调整就业期望

目前,有些工作基本的学历要求是硕士研究生,甚至是博士研究生,这是社会发展的必然现象,如果是本科生就适当地放低自己的期待。现实中部分大学生比较自负,职业期望较高,超越了现实的就业条件,容易产生挫败感。部分大学生在职业探索和自我探索后,对自我职业目标认识清晰,但理想和现实之间往往存在差距,无法如愿找到理想工作。既要符合自己预期又要符合招聘者的要求的工作是很难找到的。毕业生要审时度势,正确评估自己和职业环境,直面现实,适度调整就业期望,考虑接受更多选择是一项明智之举。大学生不要一味地追求功利性的职业,根据国家发展建设的需要进行择业往往更容易成功。当然,调整就业期望值并不是只要有岗位就去,对岗位没有选择,而是在职业生涯规划和职业发展观念的基础上重新确定和规划自己的人生轨迹。

2.用发展变化的观点看待求职择业

用发展的眼光看问题是指求职择业时,既要考虑个人的发展,又要考虑社会的发展,既要考虑眼前的发展,又要考虑长远的发展。要用发展的眼光指导自己的求职择业,第一次就业不必是终身的职业,可在不断发展中,规划自己的职业。随着社会、经济发展,一次就业再不换工作的概率很小。例如2020年,受全球新冠疫情影响,许多毕业生在求职过程中都面临困境,此时求职学生就需要适度调整,可以选择先就业再择业,在第一份职业中好好锻炼自己,在以后的职业生

涯中,慢慢寻找理想职业。

3.正确认识择业挫折,学会压力管理

在求职择业中遇到一些挫折,这是很正常的,大学生需要对就业挫折保持正确的看法和态度。当遇到挫折时,需要采用一些应对策略来缓解压力,让自己保持信心,维持前进的动力。研究表明运动是缓解压力最好的方法之一,大学生可以适度参加一些运动,如慢跑、瑜伽、跳舞、爬山等;多和朋友、家人、老师交流,良好的社会支持能帮助大学生应对压力;可以向当地政府或者学校就业指导部门寻求帮助。缓解压力后直面挫折,列出自己的优势清单,增加安全感和自信心,激励自己不断前进。

4.充足的求职准备是成功的关键

凡事预则立,不预则废。事先做好就业准备是求职成功的关键。就业前一定要做好自己的职业定位,尤其是要知道自己适合什么岗位,地域选择是什么,这样才能在找工作时有目的性。花精力做好一份合格的简历,这是用人单位对求职者的第一印象,在很大程度上决定其择业成功与否。另外,做好笔试面试前的准备工作,主动了解职业定向相关单位的基本信息,尽早与相关单位接触,甚至可以主动上门推荐自己,学习基本的面试技巧和相关礼仪,都是非常重要的就业前准备。不打无准备的仗,做好这些,择业时充满自信,将取得令人满意的成果。

📖 **本章小结**

(1)求职流程包括:职业的选择和定位,了解求职途径、搜索招聘信息,根据招聘要求撰写简历和求职信,面试,签约,初入职场等方面。

(2)简历是求职重要的材料,撰写需包含基本要素。

(3)掌握面试过程与技巧,提前准备能有效提高求职的成功率。

(4)正确认识职业,适度调整择业期望,学会多种方式调适求职心理。

复习思考题

1. 求职流程包括哪些内容？
2. 简历的基本要素有哪些？
3. 面试前需要做哪些准备？
4. 面试过程中如何克服紧张情绪？

案例分析

小虎，某高校药学专业毕业生，成功应聘某世界 500 强民营医药公司的销售岗位。他在毕业生求职经验分享会中，总结自己从 100 多人中脱颖而出的面试经验时说："在这次面试前，我进行了充分的准备，主要包括了解企业文化、分析岗位要求、准备面试的相关材料等，还专门询问了许多有面试经验的同学，包括面试的服装、常见的面试问题等。面试官让我介绍自己在校期间最成功的实践经历，这是我在面试前认真准备的一个问题，我用 STAR 法进行了详细阐述。另外，我觉得自己应聘销售岗位有一定优势，比如我是学生会副主席，在学校博物馆担任红色精神讲解员，有社团管理经验和相关实习经历。我的劣势是我是普通高校学生，没有名校光环，且我的成绩排名中等。但销售的主要任务是将企业产品成功推广出去，因此，我认为这个岗位更看重的是个人的能力，我就把自己当作一个'产品'积极向面试官推销，尽可能展示自己的热情、自信、抗压和抗挫能力、沟通协调能力、组织能力和项目推广能力等，主动并积极回应面试官的各种问题。总之，提前准备、认真思考，不怯场、自信自然、随机应变应该是我这次面试成功的法宝。"

案例讨论

1. 你认为小虎为什么能在面试中脱颖而出？
2. 你认为面试时了解岗位重要吗？为什么？

活动锻炼

1. 请针对自己的意向职位撰写一份简历。

2.请根据自己的意向职位准备面试,谈一谈应该注意哪些相关资源?

本章参考文献

[1]钟谷兰,杨开.大学生职业生涯发展与规划[M].上海:华东师范大学出版社,2008.．

[2]蒋建荣.大学生职业发展与就业训练教程[M].北京:现代教育出版社,2009.

[3]余勇.大学生职业生涯规划与就业创业指导[M].天津:南开大学出版社,2012.

[4]陈捷.大学生职业发展与就业指导[M].北京:清华大学出版社,2012.

[5]汪永芝,赵英.职业生涯规划与实践[M].北京:清华大学出版社,2017.

[6]孙红刚,罗汝坤.职业生涯规划与就业创业指导[M].北京:高等教育出版社,2018.

[7]杜俊峰.大学生就业与创业指导[M].天津:南开大学出版社,2012.

[8]陈姗姗.大学生职业生涯规划与就业创业指导[M].重庆:重庆大学出版社,2017.

本章金句

第七章　大学生如何创业？

情境导入

小轩是某科技发展有限公司的创始人，大学毕业就开始了自己的创业生涯。创业初期，他与几位同学筹集了10万元的创业启动资金，将"大学生创新创业大赛"中获奖项目转化为创业项目。但经营公司和上学完全是两回事，创业不久，小轩就感到力不从心。由于前期没有做好市场调查，缺乏创业实践经验，公司的产品没有主动打开市场，只能"等着别人"来购买，产品的销量不是很好。加上公司的启动资金难以维持长期运作，原本想借助银行贷款，但由于小轩和同学都没有房子、汽车等财产进行抵押，银行也不能为他们提供贷款。创业一年后，他们做出公司"破产"的决定。至此，小轩的第一次创业以失败告终。小轩想知道大学生创业怎样可以成功？大学生创业前应该做哪些准备？大学期间如何提高自己的创业能力？希望这一章内容能给像小轩一样准备创业的大学生些许帮助。

内容摘要

大学生的自主创新能力关系到国家发展，对大学生自身发展也具有重要的意义。近年来，越来越多的大学生投身创新创业实践，创业成为高校毕业生的一种职业选择。但大学生也面临融资难、经验少、服务不到位等问题。

　　本章内容主要涉及两个方面。其一，在创业知识学习上，倾向于让学生们在大学期间储备创业基本知识，积累创业能力，养成创业者必备素质，待创业时机成熟，能准确把握机会，并运用所学知识，把创业想法转化为行动，并通过创业教学，促使大学生尽可能多、尽可能快地开展创业实践。所以从内容上，本书倾向于创业基础知识，对公司管理和运营内容涉及比较少。其二，创业与大学生今后的择业、从业乃至治业有很多相通之处，创业基础知识和创业者素质与大学生今后的职业发展息息相关，大学生在学习时应注意融会贯通，为今后职业发展储备丰富能力。

◉ 教学目标

思政层面

·准确理解创业的时代意义，明确大学生的责任担当。

知识层面

·了解校园创业的机会和风险。

·了解创业者基本素质和能力构成，学会创业者素质养成的方法。

技能层面

·掌握应从哪些方面做创业前的准备。

·掌握创业计划书制定的基本方法和创业启动有关事项。

·制订科学的计划，培养创业意识，树立创业精神，提升创业能力。

·理解创业素质对创业者的重要意义。

第一节　校园创业：机会与风险

一、校园创业机会

目前,大学生自主创业有着良好的社会环境,从中央政府到地方政府到各个高校都鼓励和支持大学毕业生自主创业。

各级政府制定了一系列大学生创业优惠扶持政策。大学生创业优惠政策是指为支持大学生创业,国家和各级政府出台的涉及融资、开业、税收、创业培训、创业指导等诸多方面的优惠政策。自主创业的大学生,可以在注册登记、贷款融资、税费减免、创业服务等方面获得扶持。国家和地方各级政府每年都会为当地的高校毕业生提供大量的创业优惠政策,这些政策文件都可以从各政府官方网站获得。如2021年,国务院办公厅印发《关于进一步支持大学生创新创业的指导意见》,提出纵深推进大众创业万众创新是深入实施创新驱动发展战略的重要支撑,从税收、贷款、服务平台等方面为大学生创新创业提供政策支持,具体如下。

(1)税收方面:高校毕业生在毕业年度内从事个体经营,符合规定条件的,在3年内按一定限额依次扣减其当年实际应缴纳的增值税、城市维护建设税、教育费附加、地方教育附加和个人所得税;对月销售额15万元以下的小规模纳税人免征增值税,对小微企业和个体工商户按规定减免所得税。对创业投资企业、天使投资人投资于未上市的中小高新技术企业以及种子期、初创期科技型企业的投资额,按规定抵扣所得税应纳税所得额。对国家级、省级科技企业孵化器和大学科技园,以及国家备案众创空间按规定免征增值税、房产税、城镇土地使用税。做好纳税服务,建立对接机制,强化精准支持。

（2）贷款方面：鼓励金融机构按照市场化、商业可持续原则对大学生创业项目提供金融服务，解决大学生创业融资难题。落实创业担保贷款政策及贴息政策，将高校毕业生个人最高贷款额度提高至20万元，对10万元以下贷款、获得设区的市级以上荣誉的高校毕业生创业者免除反担保要求；对高校毕业生设立的符合条件的小微企业，最高贷款额度提高至300万元；降低贷款利率，简化贷款申报审核流程，提高贷款便利性，支持符合条件的高校毕业生创业就业。鼓励和引导金融机构加快产品和服务创新，为符合条件的大学生创业项目提供金融服务。

（3）服务平台方面：建强高校创新创业实践平台，充分发挥大学科技园、大学生创业园、大学生创客空间等校内创新创业实践平台作用，面向在校大学生免费开放，开展专业化孵化服务。结合学校学科专业特色优势，联合有关行业企业建设一批校外大学生双创实践教学基地，深入实施大学生创新创业训练计划。同时，提升大众创业万众创新示范基地带动作用。加强双创示范基地建设，深入实施创业就业"校企行"专项行动，推动企业示范基地和高校示范基地结对共建、建立稳定合作关系。指导高校示范基地所在城市主动规划和布局高校周边产业，积极承接大学生创新成果和人才等要素，打造"城校共生"的创新创业生态。推动中央企业、科研院所和相关公共服务机构利用自身技术、人才、场地、资本等优势，为大学生建设集研发、孵化、投资等于一体的创业创新培育中心、互联网双创平台、孵化器和科技产业园区。

各高校为大学生创业积极创造各方面的条件，高校把引导、扶持、培养大学生创业提高到培养创新型人才的高度，为大学生提供了包括教育、渠道、资金、项目等多方面的支持。很多高校开设了专门的创业教育课程，组织多种形式的创业计划竞赛和科技创新活动，培养大学生的创业意识，锻炼其创业能力。

二、校园创业风险

大学生创业的机遇和风险是并存的,除了了解创业的机会,还需要了解创业可能存在的风险。下面五大风险是大学生在创业过程中需要避免的。

1. 项目选择太盲目

目前,大学生创业的项目选择多集中在高科技领域和智力服务领域,如软件开发、网络服务、家教中介、设计工作室等。此外,快餐、零售等连锁加盟店也是大学生青睐的创业项目。但是,大学生往往并不了解市场,大多是凭自己的兴趣和想象来决定投资方向的。

建议:大学生在创业初期一定要做好市场调研,也可委托专业机构进行可行性分析,在了解市场的基础上创业。一般来说,大学生创业者资金实力较弱,创业心理准备不足,控制风险能力较弱,适合选择启动资金不多、人手配备要求不高的小项目。

2. 缺乏创业技能

很多大学生对创业的理解还停留在美好的愿望和理想的概念上。有的大学生创业者眼高手低,既不了解创业的相关政策、法规,也没有在相关企业的工作、实践经历,缺乏能力和经验,却对创业的期望值非常高,凭借一腔热情创业,这无异于纸上谈兵。

建议:防范风险只能靠自己增加本领。一方面,大学期间去相关企业实习,积累相关的管理和营销经验;另一方面,积极参加创业培训,积累创业知识,接受专业指导,提高创业成功率。

3. 融资渠道单一

缺乏创业资金是大学生创业普遍面临的难题,尽管政府和高校设立了相关的创业基金,社会上也有一些风险投资基金,但这些基金的普及面并不广,门槛较高,大学生获得资助的难度较大。资金难筹几乎是每一个大学生创业者都会遇到的难题。银行贷款申请难、手续复杂,如果没有更广阔的融资渠道,创业计划只能是一纸空谈。

建议:广开渠道,除了银行贷款、自筹资金等传统方式外,还可以充分利用风险投资、天使投资、创业基金等融资渠道。

4.社会资源贫乏

大学生掌握的社会资源非常有限,而企业创建、市场开拓、产品推介等工作都需要调动各种各样的社会资源,大学生创业者在这方面常常会感到力不从心。

建议:平时多参加各种社会实践活动,扩大自己人际交往的范围。创业前,可以先到相关行业领域工作一段时间,为自己日后的创业积累人脉。

5.创业素养不足

由于长期接受应试教育,不熟悉经营"游戏规则",一些大学生创业者虽然在技术上出类拔萃,但理财、营销、沟通、管理方面的能力普遍不足。

建议:要想创业成功,大学生创业者必须技术、经营两手抓,制定科学规范的管理制度。可从合伙创业、家庭创业或低成本的虚拟店铺开始,锻炼创业能力,也可以聘用职业经理人负责企业的日常运作。

第二节　创业者特征识别与潜力评估

中国人民大学通过大样本的数据调查发布的《中国大学生创业报告 2020》显示:相较于往年数据,中国大学生的创业意愿持续攀升,2020 年在校大学生表现出创业意愿的比重为历年新高。大学生的创业意愿除受到个体家庭因素的影响外,政府和社会对创业的支持、高校的创业理论教育和实践活动均对在校大学生的创业意愿、创业动机及创业企业绩效有显著的积极影响。而大学生自主创业者的品质特征较个人统计特征对创业绩效的影响更为显著,创新性、先动性与风险承担性的品质特征对创业者的创业绩效呈正向影响。在校大学生对创业持积极心态,高达49.86%的在校大学生有较强烈的创业意愿。但是意愿不等同于行动,在大学生当中,想创业的多,但真创业的少,且创业成功率较低。

一、创业者的基本素质

创业者要想创业成功,不仅需要激情、勇气,还需要具备创业的基本素质,包括创业意识、创业心理素质、创业精神和创业能力等。

1. 强烈的创业意识

创业意识是指一个人根据社会和个体发展的需要所引发的创业动机、创业意向或创业愿望。创业意识是创业思维和创业行为的必要准备,由创业需要、动机、意向、志愿、抱负、信念等组成,是人们从事创业活动的强大内驱力。

要想创业成功,创业者必须具备强烈的自我实现、追求成功的创业意识。强烈的创业意识,能够帮助创业者克服创业道路上的各种艰难险阻。

每一个希望创业的大学生,都必须首先强化创业意识。创业作为一种社会实践活动,是在一定的意识和目的的支配下进行的。不同的创业目标与价值理念,体现出不同的人生目的,也体现出不同的创业人生价值。只有将自我价值与社会价值统一起来的创业,才能抓住创业的机遇,获得成功。

2. 良好的心理素质

心理素质是指人们应付、承受及调节各种心理压力的能力。创业之路充满艰险与曲折,需要创业者面对变幻莫测的激烈竞争及随时出现的问题和矛盾迅速、正确地解决,这就需要创业者具有非常强的心理调控能力,能够持续保持一种积极、沉稳的心态。

目前在校大学生基本上都是"00后",他们从小生活的物质条件大都比较优越,在家长的呵护下长大,社会经验少,生活阅历浅,抗挫力弱,而创业成功很大程度上取决于创业者的心理素质。如果不具备良好的心理素质、坚韧的意志,一遇挫折就一蹶不振、垂头丧气,那么在创业道路上是走不远的。大学生创业者要提高创业的心理素质,正确了解自己,正确认识创业,形成积极、沉稳、坚韧不拔的创业心理素质。

3. 全方位的创业能力

大学生想要创业,要先具备创业意识,为创业指引方向,要真正实现创业目标还得有过硬的能力。创业能力是大学生创业素质的一个重要方面,和创业活动相联系并表现在具体的创业实践中,是决定创业成功与否的关键因素。创业能力是一种综合能力,它既包括专业能力,也包括经营管理能力;既包括创新能力、学习能力、认知能力,也包括人际沟通能力、社会协调能力、公关能力等。总的来说,大学生创业应着重培养和提高以下三个方面的创业能力。

(1)开拓创新能力。开拓创新能力是创业成功者最重要的能力,是创业的灵魂和赢得竞争优势的关键。一个优秀的创业者必须勇于开拓、敢于创新。

(2)组织管理能力。市场充满了竞争和风险,创业者要使自己的创业实践活动获得成功,必须重视经营管理。管理活动贯穿于组织运行过程的每一个环节,不仅是组织正常运行的前提,也是组织生存与发展的基本条件。

(3)人际协调能力。要想创业成功,大学生还需要有意识地培养与他人的协作能力。人际协调能力是获得他人和社会支持的重要前提条件,对大学生创业者创业成功具有重要的作用。

二、创业者潜力评估

创业是一个充满成就感、诱惑力的词语,但并非每一个人都适合走创业的道路。美国健康维护组织(HMO)协会设计出一份问卷,可以帮助大学生了解自己是否适合创业,是否具有基本的创业能力。

创业能力评估表各题均有 4 个选项(A. 是; B. 多数; C. 很少; D. 从不,请在符合你实际情况的选项下面画"√"),见表 7 - 1。

表 7 - 1 创业能力评估表

题项	A. 是	B. 多数	C. 很少	D. 从不
1. 在急需做出决策的时候,你是否在想:再让我考虑一下吧?				
2. 你是否为自己的优柔寡断找借口说:"是得慎重考虑,怎能轻易下结论呢?"				
3. 你是否为避免冒犯某个或某几个有相当实力的客户而有意回避一些关键性的问题甚至表现得曲意逢迎呢?				
4. 你已经有了很多写报告用的参考资料,但仍责令下属部门继续提供?				
5. 你处理往来函件时,是否读完就扔进文件框,不采取任何措施?				
6. 你是否无论遇到什么紧急任务,都先处理琐碎的日常事务?				
7. 你非得在巨大的压力下才肯承担重任吗?				
8. 你是否无力抵御或预防妨碍你完成重要任务的干扰与危机?				
9. 你在决定重要的行动计划时常忽视其后果吗?				
10. 当你需要做出可能不得人心的决策时,是否找借口逃避而不敢面对?				
11. 你是否总是在快下班时才发现有要紧事没办,只好晚上回家加班?				

题项	A. 是	B. 多数	C. 很少	D. 从不
12.你是否因不愿承担艰巨任务而寻找各种借口？				
13.你是否常来不及躲避或预防困难情形的发生？				
14.你总是拐弯抹角地宣布可能得罪他人的决定？				
15.你喜欢让别人替你做自己不愿做的事吗？				

评分标准："是"记 4 分，"多数"记 3 分，"很少"记 2 分，"从不"记 1 分。

50～60 分：你的个人素质与创业者相差甚远；

40～49 分：你不算勤勉，应彻底改变拖沓、效率低的缺点，否则创业只是一句空话；

30～39 分：大多数情况下充满自信，但有时犹豫不决，不过没关系，有时候犹豫是成熟、稳重和深思熟虑的表现；

15～29 分：你是一个高效率的决策者和管理者，更是一个成功的创业者，具有良好的心理素质和坚韧不拔的毅力。

第三节　创业机会的识别、评估与创业项目的产生

大学生创业是社会发展的趋势，但创业成功并不容易。创业目标的选择、创业机会的把握、创业资源的准备等都是决定创业成败的关键环节。大学生创业往往是初次创业，所能承受的创业风险也比较低，因此恰当的市场进入时机，选择好的创业项目，这两点特别重要。

一、创业机会的识别

创业机会，是指一个公司能够盈利的领域。创业机会大多存在

于创业企业本身没有涉及过的领域、没有生产过的产品和没有进入过的市场,尽管这些领域、产品和市场可能已经有其他企业进入,但市场中仍然有机会获得利润和成功。市场机会具有客观性、偶然性、不稳定性、差异性、普遍性和地域性等特点,它存在于社会的各个方面,是多种多样的。为了及时发现、识别、抓住和利用市场机会,创业者需要了解市场机会的来源及其评估方法。

1. 创业机会的来源

(1)在变化中寻求机会。随着科技进步、产业结构调整和人们生活方式的改变,很多好的市场商机孕育而生,创业者需要敏感应对各种变化,发现其中深藏的市场机会。例如,随着电商平台的兴起,各种电商创业项目脱颖而出,2016 年,刘明心就通过"互联网 + 农业"模式,借助淘宝、微商等平台把优质农产品销往上海、苏州等长三角地区,取得了一定的成功,被《中国青年报》报道。

(2)在差异中寻求机会。每个人的需求都有差异,创业者需要关注典型性的差异,细分市场,研究不同客户的需求点,发现新的创业机会,为特定人群提供特定的服务。如爱好摄影的徐勇出版了一本名叫《胡同 101 像》的摄影集,对中国民俗感兴趣的外国朋友看到这本影集,有的就开始请徐勇带自己去胡同参观,讲解胡同文化历史。徐勇立刻就意识到这里有机会,不久他创建了以"坐三轮追胡同"为主题的旅游公司。

(3)在问题中寻求机会。在日常生活工作中,人们总会面临很多难题。当人们在努力改善现状、提高效率、解决问题的同时会发现新的机会,这些解决方案常常可以演变成不错的市场机会。如某地出现了一种传染病,人人自危,一个医学毕业生迅速抓住机会,代理了该传染病自测工具,让大家自测,避免了恐慌。

2.影响创业机会识别的因素

影响创业机会识别的因素很多,学者们研究发现,下列4类为主要因素。

(1)先前经验。在特定产业中的先前经验有助于创业者识别出商业机会,这被称为走廊原理。走廊原理是指创业者一旦创建企业,他就开始了一段旅程,在这段旅程中,通向创业机会的"走廊"将变得清晰可见。这个原理提供的见解是,某个人一旦投身于某产业创业,他将比那些从产业外观察的人,更容易看到产业内的新机会。

(2)认知因素。机会识别可能是一项先天技能或一种认知过程。有些人认为,创业者有"第六感",使他们能看到别人错过的机会。多数创业者以这种观点看待自己,认为他们比别人更警觉。警觉在很大程度上是一种习得性的技能;拥有某个领域更多知识的人,比其他人对该领域内的机会更警觉。

(3)社会关系网络。社会关系网络能带来承载创业机会的有价值信息,个人社会关系网络的深度和广度影响着机会识别。研究已经发现,社会关系网络是个体识别创业机会的主要来源。

(4)创造性。创造性是产生新奇或有用创意的过程。从某种程度上讲,机会识别是一个创造过程,是不断反复的创造性思维过程。创造性包含在许多产品、服务和业务的形成过程中。

二、创业机会的评估

尽管发现了创业机会,但这并不意味着要创业,更不意味着成功就在眼前。创业活动是创业者与创业机会的结合,并非所有的创业机会都有足够大的价值潜力来填补为把握机会所付出的成本;并非所有机会都适合每个人。尽管在整个创业过程中,评估创业机会非常短暂,但它非常重要,是创业者发现创业机会之后做出是否创业决策的重要依据。

1.创业机会评价框架

有价值的创业机会具有吸引力、持久性、及时性，是依附于为买者或终端用户创造或增加价值的产品、服务或业务。创业者必须找到能把好的思路付诸实施的最佳时机，并准确把握这个时机。以下的两个创业机会评价框架有助于大学生甄别自己的创业机会。

（1）蒂蒙斯的创业机会评价框架。1977 年，杰弗里·A.蒂蒙斯（Jeffry A. Timmons）在《新创业创新：21 世纪的创业精神》（*New Venture Creation：entrepreneurship for the 21th century*）一书中提出了包括 8 个一级指标、53 个二级指标的评价指标体系，用于创业机会评价，见表 7 - 2。目前该书已成为众多国家创业教育的核心教材。蒂蒙斯提出的 8 大类创业机会评估标准为：行业和市场、经济性、收获、竞争优势、管理团队、致命缺陷问题、个人标准、战略差异。一般采用标准矩阵打分法来评估。

表 7 - 2　蒂蒙斯的创业机会评价框架

评价要素	评价指标
行业和市场	1.市场容易识别，可以带来持续收入
	2.顾客可以接受产品或服务，愿意为此付费
	3.产品的附加价值高
	4.产品对市场的影响力高
	5.将要开发的产品生命长久
	6.项目所在的行业是新兴行业，竞争不完善
	7.市场规模大，销售潜力达到 1000 万到 10 亿
	8.市场成长率在 30% ~50% 甚至更高
	9.现有厂商的生产能力几乎完全饱和
	10.在五年内能占据市场的领导地位，达到 20% 以上
	11.拥有低成本的供货商，具有成本优势

评价要素	评价指标
经济性	1. 达到盈亏平衡点所需要的时间在 1.5 ~ 2 年
	2. 盈亏平衡点不会逐渐提高
	3. 投资回报率在 25% 以上
	4. 项目对资金的要求不是很大,能够获得融资
	5. 销售额的年增长率高于 15%
	6. 有良好的现金流量,能占到销售额的 20% ~ 30%
	7. 能获得持久的毛利,毛利率达到 40% 以上
	8. 能获得持久的税后利润,税后利润率超过 10%
	9. 资产集中程度低
	10. 运营资金不多,需求量是逐渐增加的
	11. 研究开发工作对资金的要求不高
收获	1. 项目带来的附加价值具有较高的战略意义
	2. 存在现有的或可预料的退出方式
	3. 资本市场环境有利,可以实现资本的流动
竞争优势	1. 固定成本和可变成本低
	2. 对成本、价格和销售的控制较高
	3. 已经获得或可以获得对专利所有权的保护
	4. 竞争对手尚未觉醒,竞争较弱
	5. 拥有专利或具有某种独占性
	6. 拥有发展良好的网络关系,容易获得合同
	7. 拥有杰出的关键人员和管理团队
管理团队	1. 创业者团队是一个优秀管理者的组合
	2. 行业和技术经验达到了本行业内的最高水平
	3. 管理团队的正直廉洁程度能达到最高水准
	4. 管理团队知道自己缺乏哪方面的知识
致命缺陷问题	1. 不存在任何致命缺陷问题

续表

评价要素	评价指标
个人标准	1. 个人目标与创业活动相符合
	2. 创业家可以做到在有限的风险下实现成功
	3. 创业家能接受薪水减少等损失
	4. 创业家渴望进行创业这种生活方式，而不只是为了赚大钱
	5. 创业家可以承受适当的风险
	6. 创业家在压力下状态依然良好
战略差异	1. 理想与现实情况相吻合
	2. 管理团队已经是最好的
	3. 在客户服务管理方面有很好的服务理念
	4. 所创办的事业顺应时代潮流
	5. 所采取的技术具有突破性，不存在许多替代品或竞争对手
	6. 具备灵活的适应能力，能快速地进行取舍
	7. 始终在寻找新的机会
	8. 定价与市场领先者几乎持平
	9. 能够获得销售渠道，或已经拥有现成的网络
	10. 能够允许失败

评分标准："极好"记 3 分，"好"记 2 分，"一般"记 1 分。

如果其加权平均分越高，说明该创业机会越可能成功。就蒂蒙斯创业机会评价框架而言，一般来说，高于 100 分的创业机会可进一步规划，低于 100 分的创业机会，则需要考虑淘汰。

（2）刘常勇的创业机会评价。2005 年，台湾中山大学教授刘常勇发表了《创业，你准备好了吗？》一文，在文中构建了一个创业机会评价框架（见表 7 - 3）。该框架比蒂蒙斯的更简单，也方便操作，包括市场评价和回报评价两个要素，通过对这两个要素指标的判断，来评价创业机会合适与否。

表 7 - 3　刘常勇的创业机会评价框架

评价要素	评价指标
市场评价	1. 是否有市场定位,专注于具体顾客需求,能为顾客带来新的价值
	2. 依据波特的五力模型进行创业机会的市场结构评价
	3. 分析创业机会所面临市场的规模大小
	4. 评价创业机会的市场渗透力
	5. 预测可能取得的市场占有率
	6. 分析产品成本结构
回报评价	1. 税后利润至少高于 5%
	2. 达到盈亏平衡的时间应该低于 2 年
	3. 投资回报率应高于 25%
	4. 资本需求量较低
	5. 毛利率应该高于 40%
	6. 能否创造新企业在市场上的战略价值
	7. 资本市场的活跃程度
	8. 退出和收获回报的难易程度

2. 市场机会评估

对创业机会评估后,创业者还需要对市场机会进行评估和检验,需要判断市场机会要素、自身能力与所能获得的资源能否匹配。市场机会评估可围绕以下几个方面进行。

(1)市场定位。每一种创业活动都有特定的市场定位。在进行市场机会评估时,需要根据客户群、客户需求、产品衍生品等来判断创业机会可能创造的市场价值,给客户带来的价值越高,创业成功率越大。

(2)市场结构。对创业机会的市场结构进行分析,可以判断企业在市场中的未来地位及遭遇竞争对手反击的程度。大学生创业初期,创业公司的风险承受力较低,很可能会因为资金周转问题被竞争对手击败。

(3)市场规模。成熟的市场往往规模较大,利润空间较小。大学生初次创业很难进入这样的市场。而正在成长中的市场,机会反而更多,大学生创业应该对市场规模有预期考量,选择合适的市场规模和进入时机。

(4)市场渗透力。对于一个具有市场潜力的创业机会,市场渗透力评估将会是一项非常重要的因素。成功的创业者往往选择在最佳时机进入市场,也就是市场需求正要大幅增长之际。对市场渗透力的把握需要大学生创业者具备一定的胆识和优秀的判断、决策能力。

(5)市场占有率。市场占有率即企业的生存率。某一市场领域的领头羊往往要占到20%以上的市场占有率。如果低于5%,那么企业的生存就会面临困境。大学生创业的低起点决定了要以不同于大型、成熟企业的经营管理方式,才能在市场上站住脚。

三、创业项目及其产生

创业项目指创业者为了达到商业目的具体实施和操作的工作。创业项目分类很广,按照行业来分可以分为餐饮、服务、零售等门类,按照性质来分可以分为互联网创业项目和实体创业项目。从更大的范围来说,加盟一个品牌,开一间小店,实际上也算是一个创业项目。

1.创意与创业项目

创意是具有创业指向同时具有创新性甚至原创性的想法,是将问题或需求转化成逻辑性的架构,让概念物象化或程序化,而不是单纯的奇思妙想。有价值的创意至少要具备新颖性、真实性、价值性。

根据创意的创新程度和市场开拓程度,创业项目中的创意可分为:市场拓展型、复制型、模式拓展型、全新型等。

(1)市场拓展型创意就是把某种产品或服务中成熟的业务模式应用到满足一种新的市场需求当中的创新过程。也就是说,创业者发现了潜在的市场需求,但在业务模式上没有创新。

(2)复制型创意的特点就是既没有开拓新的市场需求,也没有业务模式上的创新。最常见的复制型创意就是把现有的某种业务及其模式从一个地区引入另一个地区。这种情况之所以还被称为创意的原因就在于它发现了该种业务及其业务模式在另一个地区生存的可能性。在现实当中，对于大多数非垄断性行业来说，这种创意类型往往是十分有效的。只要所选择的区域有足够的市场需求，创业成功的概率就会大大增加。

（3）模式拓展型创意是以一种新的业务模式去满足已经存在的现实市场需求。这种新的业务模式一般意味着成本的降低、效果的改善或者顾客的更加便利。

（4）全新型创意就是以一种全新的业务模式，去满足一个新的市场需求。也就是说创业者既发现了新的市场机会，又设计出了新的业务模式。

在所有创业项目中，真正属于全新型创意的创业项目并不多见，反倒是其他 3 种是我们经常能够看到的，尤其是复制型创意，应用是最为普遍的，而且成功的比例也较高。可以看出，创意对一个创业项目来说是非常重要的，但也决不能忽视创业后经营管理的重要性。有人把创业的成功归结为"三分创意、七分经营"，这说明创业成功与否更多的还是要靠日后的经营管理。

2. 创业项目与自主技术创新

一直以来，技术创新的研究成果都是创业项目的重要来源，也是风险投资最感兴趣的创业项目类型。从整个国民经济发展的角度来说，技术创新型创业项目也是一个国家经济发展水平的重要推动要素和评价指标。随着我国市场经济推行过程中科研人员市场意识的不断提高，以及风险投资业的推动、大量成功的技术成果产业化项目的刺激，科研人员以高度的热情投入科学研究活动，从而形成了大量的自主技术创新型创业项目。

按照创业和创新的逻辑关系，技术创新所形成的创业项目可分成两种类型:科技成果转化项目、定向开发项目。

(1)科技成果转化项目。科技成果转化创业是指科研人员从技术发展方向的角度出发展开研究并取得预期成果之后,在相关机构(投资机构、技术中介机构等)的推动下,以研究成果为业务基础展开创业的过程。对于技术持有人来说,可以选择自己出资进行创业,也可以通过技术入股的方式融资创业,或者把技术成果转让给他人来创业。一般这种科技成果转化的创业项目可称为技术推动的创新过程。

当然,一项技术创新成果有时候并不就是一个完整的创业项目,有时候还需要加以补充和完善。以爱迪生发明的电灯为例,他要想把自己的发明形成巨大的产业和市场,他就必须为电灯的商业化应用设计整个配套系统,包括:发展批量生产能力、提升产品可靠度、设置发电厂、开发电力联网系统等。

(2)定向开发项目。定向开发创业则是创业者先看到了某些潜在的市场需求,然后通过自我开发或委托开发的方式获得能够满足该潜在需要的产品并开始创业的过程。由于技术开发人员往往缺乏足够的市场意识,这种潜在需求经常都是由非专业技术人员发现的,然后再由专业技术人员完成产品的开发设计工作。

3.创业项目的外部获取

一般而言,从外部获取项目的方式主要有购买、合伙和连锁加盟3种主要方式。

(1)购买。购买的方式就是通过支付一定的费用把别人的项目买过来自己创业的过程。一般创业者会对技术类创业项目通过购买的方式获得。创意型项目的买卖存在诸多操作上的困难。一方面,创意者一般都不会考虑去出售自己的创意,因为交易过程中存在很大的道德风险,当创意者把创意说出后,购买者即使不付钱也已经得到了创意,而且并不违反法律。另一方面,对于那些需要项目的创业者来说,他们一般也不会考虑去购买一个创意,原因在于创意的实施经常需要创意者本人所具有的一些特殊技能或资源,这些是很难转移的,而且也难找到愿意出售创意的人。

(2)合伙创业。在中外创业史当中,一个人创业的现象并不多见,大多数创业者都采取或者至少是倾向于采取合伙创业的模式,其主要原因是:一个人难以满足创业所需要的各种条件,必须依靠创业团队的力量;创业者希望获得心理安慰;在合伙创业十分普遍的现实情况下,通过寻找具有创业项目的合伙人的方式展开创业是完全有可能的。

(3)连锁加盟。加盟连锁也是获得创业项目的一种有效方式,只不过这种方式的创业项目是由很多个创业团队(或单个创业者)共享。采取连锁加盟的方式,可以充分享受他人的成功模式和经验,降低创业风险。新加盟的创业者不但得到了自己需要的创业项目,还可以分享特许方的品牌无形资产、先进的管理经验和管理模式,甚至规模经济带来的成本降低等。当然,加盟者为此需要缴纳一笔可观的加盟费。但是,并非所有的连锁加盟创业都能取得成功。这一方面取决于特许方的业务内容和模式的成熟程度;另一方面取决于加盟方的具体情况。对于那些缺乏相关专业知识和经验的创业者来说,选择连锁加盟时一定要全面评价,尤其是对那些刚刚起步的特许方来说更要谨慎。如果项目评价为可行,那么新兴特许方所开出的低廉的加盟费可降低成本。

4.创业项目的初步评价

创业项目的初步评价是指在缺乏必要的信息和数据的情况下,对还没有经过详细策划的创业项目所进行的主观的、经验性的、非理性的评价。

初步评价的目的就是判断一个项目是否满足创业的最基本要求,及时淘汰那些毫无可行性的项目,避免人力和财力的浪费。创业项目的初步评价一般是由创业团队成员自己进行的,或者以非正式评价的方式邀请有关人员给予建议。

1)创业项目初步评价的基本原则

(1)差异性原则。对于不同类型的创业项目,评价内容侧重点会有所不同。比如对于独创型的技术创新项目,创业者可能更关心它是否有明确的市场需求,因为短期之内不会有人与之竞争,只要有需求,项目就很容易成功;对于创意型的创业项目,创业者更关心它的进入壁垒问题,因为再好的创业项目也招架不住激烈的竞争,只有具备竞争优势,才有可能取得最终的胜利。

(2)宽容的原则。初步评价的目的不是证明一个项目有多好,而是证明它是不是足够差就可以了。所以,在没有确切依据的情况下,应当尽量采取宽容的态度,不让一个好项目漏网。

(3)因地制宜的原则。因地制宜也就是要结合创业者的具体情况进行评价。不同的创业者可能对创业项目有不同的要求,或者说不同的创业者对各种风险的承受能力是不一样的,这就要求在对创业项目进行评价的时候要根据创业者的具体情况因地制宜地制定评价的内容和标准。

2)创业项目初步评价的基本内容

创业项目初步评价的内容只能是一些总体的、方向性的问题。这些问题都是至关重要的,甚至有的问题具有"一票否决"的重要性。表7-4列举了一般的创业项目初步评价应当考虑的一些常见内容。

表7-4　创业项目初步评价表

评价方面	具体评价问题
创业项目与 外部环境	是否符合国家政策、地方政策、行业政策甚至国际惯例
	业务模式是否符合当前消费习惯? 还是引导新的消费潮流
	是否会得到相关的政策优惠或政府扶持
	行业前景如何,是否属于朝阳产业

续表

评价方面	具体评价问题
创业项目与 创业者	创业项目是否适合创业者的知识水平、职业经历和个人特性
	创业者是否足以承受失败的风险（主要是经济角度）
	是否已经具备完整的创业团队
创业项目自身	市场需求是否明确、是否稳定、是否持久
	是否有足够的市场容量？市场容量的成长性如何
	是否具有强大的（包括潜在的）竞争者？是否具有竞争优势
	市场进入时机是否合适

第四节　公司组建及运营管理

一、公司的组建

公司的组建是创业的重要一步。谈到创业，几乎人人都有一套可以高谈阔论的生意经，然而真正付诸执行的个案实在是屈指可数。原因在于，害怕创业的人总是多过愿意承受创业压力的人。其实，创业的想法并没有那么可怕。在实施创业想法过程中，公司组建作为重要一环，需要注意以下问题。

1. 公司经营定位

在公司组建前，需要确定公司所涉及的主要经营内容，公司在行业中的位置。人人都可以创业，但不是人人都可以创业成功。创业，有着许许多多成功的小秘诀，而这些秘诀并非都来自创业成功个案的经验，很多是从失败的例子中反省、领悟而来的。综合这些经验谈，创业者首先必须做的便是决定要从事哪一种行业、哪一类项目。在做决定之前，创业者最好先为自己做个小小的测验，了解自己在哪方面较有创意、潜力,哪方面的事业较能吸引自己的注意力,鞭策自己勇往直前。一旦做好选择,创业者就要一步步地去执行,解决其中的问题,逐渐迈向成功。

2. 收集资源

持续自我成长与学习,为公司组建收集丰富的资源。有了完整的创业点子,下一步便是尽量让自己多接触各种信息与资源渠道,例如专业协会及团体等组织机构,这些团体、组织不仅可以帮助创业者评估自己的创业机会与潜力,还可以助其创业计划尽早到位;创业者的自传、创业丛书、商业杂志等,或是专业的商业组织,如中小企业管理局的计划书顾问群等,也都可以给创业者提供许多有效的资源。创业者也可主动出击,把公司信息告知当地的商业组织、团体等来增加公司曝光率,还可以试着与其他地区的同业交换创业心得、征询适时的忠告。很多成功的创业者也会遇到类似的问题,差别只是解决方法不同,所以别太早灰心,通过学习,持续成长。

3. 选择公司名称或品牌

确定公司名称是公司组建的重要一环,最佳的公司名称或品牌能充分反映产品或服务与众不同的特色及单一性。公司名称或品牌与产品之间的关系是成正比的,所以要能在消费者或目标顾客的心目中产生一种紧密的联想力。具有创意的公司名称或品牌不仅有助于建立品牌的形象,也能增加顾客的购买欲。选择公司名称或品牌时应该具有前瞻性,所选择的公司名称或品牌要能有弹性地将自己推荐给消费者。确定公司名称前别忘了做注册公司名称调查,确定所选择的名称仍然还未被登记或已在公司商标法的保护中。切记,公司名称不要过于冗长,否则消费者不容易记住。

4. 决定组织架构

创业项目开始营运前必须选择与创业计划相适应的法定组织架构。简而言之,首先必须决定是要自己创业,还是合伙创业,了解各种公司组织形态的利弊及运作方式,再选择最适合创业计划的组织模式,这个过程要严格按照国家相关法律执行,如公司法等。

尽管各种公司组织架构有些细微的差异,但是都需要注意,一旦公司运营出状况,公司内部将由谁负起最后法律上的财务责任。例如,以独资或合伙人形态创业,公司法要求个人自行负担公司的债务归属问题。也就是说,一旦公司因牵连上财务官司而败诉,那么个人名下所属财产及不动产等都会被法院扣押、拍卖以偿还债务。公司经营模式不是固定不变的,无论一开始选择哪一种经营模式,都可以依据公司的发展与未来潜力做适时的变更。

5. 完成公司登记

创业者在公司营业之前,必须先了解所有与商业法规相关的条文规定、执照或许可证申请等细节。切记,各地对营利单位的规定可能有所差异,因此务必了解清楚创业公司所在区域内的法律规范条文,通常,可以在各地的中小企业协会或商会取得这些信息。同时,需要留意营业执照相关申请规定及办法。

二、公司组织管理

组织是对企业的组织结构和所有制形式的描述。企业的组织形式包括直线制、直线职能制和事业部制,大部分创业企业都会采用前两种组织结构形式。

创业企业的组织结构选择需要考虑行业特点、企业规模和技术复杂程度。所有制形式指的是创业企业是个人独资、合作还是公司形式。不同的所有制形式,创业者需要承担不同的责任和风险。创业计划中,应该就企业采用的所有制形式、每一位投资者投入资金的数量和形式、承担责任的形式、投资者的权利、企业的管理机构设置及其职权等方面进行详细说明。

管理是指创业管理团队。北京大学风险投资研究会调研显示,风险投资家拒绝投资的理由有 40% 是因为对创业管理团队的能力和素质不满意，对创业者能否带领企业在竞争环境中成为市场的主导持怀疑态度。因此，创业企业不仅需要一支能干、互补且有一定经验的团队，也要在创业计划中向投资者介绍他们是如何形成一个整体团队进行工作的。

三、公司的运营管理

1.选择适合的经营场所

在决定自主创业后，接下来就是选择适合的经营场所。选址对公司运营到底有多重要？专家的看法是：不论创立哪种企业，地点的选择都是决定成败的一大要素，尤其是以门市为主的零售、餐饮等服务业，店面的选择往往是成败的关键，店铺未开张，就决定了成功与否。可以说，好的选址等于成功了一半。

尽管在选择经营场地时，各行业的考虑重点不尽相同，但是有两个因素是绝对不可忽略的，即租金给付的能力和租约的条件。经营场地租金是最固定的运营成本之一，即使休息不营业，也照样得支出，尤其在房价飙升后，租金在经营中的占比更大，不能不好好"计较"。例如，有些货品流通快、体积小而又不占空间的行业（精品店、高级时装店等），负担得起高房租，可以设置在高租金区；家具店、旧货店等，因为需要较大的空间，最好设置在低租金区。租约有固定价格及百分比两种，前者租金固定不变，后者租金较低，但业主分享总收入的百分比，类似以店面来投资作股东。租期可以定为不同时限，但对于初次创业者来说，最划算的方式是定一年或两年租期，以预备是否有更新的选择。

2.编制预算报告

公司运营过程中要编制一份具体的预算报告。经营一项有利润的新事业必须要有充分的流动资金，且能与经营运作时所需的开销相平衡,所以拟一份年度预算表是必要且马虎不得的。要编制一份精确的年度预算表并不容易,即使预算大师来编列预算表,也多少会有低估预算或遗漏些小细节,这些小细节常常是发生在预算表中的杂支及超支项目;另外,有时公司成长太快也会出现一些小麻烦。总之开始编列预算时必须注意,公司草创第一年的年度预算应该包括公司首次运营费用及持续运营的每个月开销。

不管公司状况如何,一份理想的预算报告最好在编列预算时,稍微调高所需预算比例,直到公司可以负担运营成本。编制预算时可以听听同业的意见,在编列具体的预算评估表时可参照专家建议,把最好和最坏的财务评估案例折中计算,然后把预算设定于两者之间。俗话说得好:"用钱创造财富!"在众多创业失败的案例中,资金不足经常是最后让创业者黯然落下"英雄泪"的主要原因。因此,创业者别忘了在公司正式运营前,先把资金募集充足。换言之,创业者必须明白公司在草创期的第一年内可能无法赚到一毛钱,创业者要有所警悟,做好万全的准备以渡过难关。因此,编制一份具体的预算报告,做好预算规划在公司运营中极为重要。

第五节　提高大学生创业能力的途径

目前,很多高校开设了大学生创业课程并开展创业实训,旨在帮助大学生找准自己的定位,发现创业机会,遴选优秀创业项目并帮助其把握行业发展脉络,深耕项目背后所蕴含的巨大潜力,并提供项目孵化、人才配备、导师辅导、融资对接等全方面服务,促进优秀创业项目高速、稳定地发展、落地。大学生可以通过创业沙龙讲座、创业大赛、加入创业训练营等方式提高自己的创业意识和创业能力。

一、创业沙龙讲座

对于想要创业的学生来说,创业沙龙讲座是点燃创业梦想之火、落实创业实践的基本途径。通过沙龙讲座中创业研究者与创业实践者的知识、案例分享,以及与创业前辈、创业导师的沟通和交流,大学生对创业路径和创业方法有了基本的了解,进而清晰地认识创业这件事,规划创业路径,培养创业意识,选择正确的创业目标,强化创业的心理意志,提高创业的综合能力。很多高校开展了形式多样的创业讲座,内容涵盖创业团队搭建、商业模式与盈利模式、产品和市场的理论及方法、财务知识、法务知识、创业环境、商业计划书撰写、创业融资等各个方面。

二、创业大赛

创业大赛是最基本和最常见的创业实践活动,旨在通过竞赛的形式培养大学生的创业能力。国家积极鼓励大众创业万众创新,给大学生创业大赛提供了丰富的资金、政策支持,以求在比赛中培育与国家发展需求相结合的创业项目,以创业带动就业。参与大赛可以培养大学生的创新能力,培养在校生的商业理念和市场眼光。在有限的时间里把自己项目的盈利模式、用户、市场规模、未来发展讲清楚是一件很有挑战性的事,往往需要创业团队不断模拟演练,不断分析市场、研究数据,最后做出推论和预测。中国创业观察报告发布的数据显示,每年我国举办各类大学生创业大赛数千场,为在校大学生提供了很好的实践途径。

三、创业训练营

相比较单一形式的创业讲座、创业沙龙、创业路演和创业大赛,创业训练营是多种创业训练形式的整合,通过短期集中训练,对创业进行全方位、多层次的解读,或者就某一方面进行深入细致的专项训练以补足创业者的短板,是一种快捷高效的创业能力提升方式。通过专业知识的传授,面对面的答疑解惑,以及与同业人群的交流探讨,创业者能够得到观念和技巧上的帮助,快速提升创业能力。

四、创业孵化

创业孵化服务是为解决已创业团队的运营需求,从共享服务空间、经营场地、政策指导、资金申请、技术鉴定、咨询策划、项目顾问、人才培训等多方面为创业团队提供便利服务,为创业者扫除创业障碍,提升创业成功率。

在创业项目从 0 到 1 的成长阶段,好的创业服务就是雪中送炭。高校的创业孵化模式一般采用培训辅导型服务模式,即孵化过程以创业培训、项目辅导为主,利用学校的教育资源和校友资源,建立理论结合实际的培训体系,为孵化项目提供支持和帮助。目前很多高校有"创客"孵化器,除了为学生提供创业空间,还为学生提供一定的奖金支撑,为学生创业提供由点及面全方位的孵化服务。

📖 本章小结

(1)校园创业机会与风险并存,要掌握和了解创业风险,培养应对能力,提升创业成功率。

(2)校园创业者有其基本的特征,可以通过创业潜力评估问卷对创业者的潜力进行了解。

(3)创业机会的识别、评估与创业项目的产生是一个完整而复杂的过程,创业者需要掌握创业机会的识别、评估方法,从多种渠道挖掘创业项目。

📖 复习思考题

1. 校园创业有哪些风险?
2. 校园创业者有哪些基本素质和能力?
3. 如何识别并评估创业机会?

📇 案例分析

小屿一直对金融感兴趣,高考后选择进入一所中外合办大学金融专业学习。大三的时候,他去英国学习,顺利取得英国利物浦大学学士学位和帝国理工学院能源金融硕士学位。在英国学习期间,他发现留学生在买卖二手物品的时候缺少信息和平台,就萌生了互联网创业的想法,随后与朋友创办了为留学生服务的二手平台,并广受好评。在硕士学习期间,他收到朋友邀请,正式开始了互联网创业之路。小屿在团队中担任产品负责人,开发一款名叫屿海的社交软件。这款软件的目标人群是海外的中国留学生,主要解决留学生的社交需求。他们发现留学生一方面很难融入当地文化和社区,另一方面也很难找到中国留学生朋友,很多最后都有些"社恐"。针对这种需求,屿海 App 设计了两大功能,一是类似小红书的社区分享功能,留学生可以在社区内分享海外日常学习和生活,交流留学心得;二是组局功能,也可以叫作"找伴"功能,留学生可以发起各式各类的组局,比如约逛街,约图书馆,找校友等。除了社交功能以外,屿海 App 还具有类似大众点评的团购功能,留学生在这里可以找到自己爱吃的中餐馆推出的优惠套餐。屿海 App 利用精准的社交解决方案吸引留学生使用,再用留学生流量吸引线下商家入驻,最终在交易中抽成来形成收入来源。经过11 个月的需求分析、产品设计、代码研发等开发工作,屿海 App 上架不到半个月,就吸引了 5000 余名留学生的下载和使用。

屿海 App 创业团队全部由在读留学生组成,七成为硕士生。由于团队成员身处加拿大、英国和中国,需要跨时区工作,经验不足,困难重重。值得庆幸的是,团队对创业的激情只增不减。在未来,小屿和他的创业团队希望深入到留学生的校园生活中去,挖掘更多的需求,做出更好的产品。除此之外,团队还希望在海外市场构建针对中国年轻人的消费＋社交的新商业模式。

案例讨论

1. 屿海 App 创业团队具备哪些能力？

2. 小屿的团队是如何识别创业机会与创业风险的？

活动锻炼

1. 参照本章介绍的创业者基本素质和创业准备的内容构成，试着寻找一个创业项目，并进行评估。

2. 对自身的创业潜力进行评估。

本章参考文献

[1] 姜伟,万春明.大学生职业发展与就业指导[M].北京:电子工业出版社,2015.

[2] 陈捷.大学生职业发展与就业指导[M].北京:清华大学出版社,2012.

[3] 程如平.大学生职业发展与就业指导[M].厦门:厦门大学出版社,2014.

[4] 谢武.大学生职业发展与就业指导[M].北京:北京师范大学出版社,2014.

[5] 阮学勇,任迎虹,侯济民.大学生职业发展与就业指导[M].武汉:武汉大学出版社,2014.

[6] 杨文清,郑莹.大学生职业发展与就业指导[M].北京:首都师范大学出版社,2013.

[7] 王虎平,宋继革,苗书宾.大学生就业与创业指导[M].武汉:武汉大学出版社,2014.

［8］宁红.大学生就业与创业指导［M］.北京:清华大学出版社,2012.

［9］朱信凯,毛基业.中国大学生创业报告:2018［M］.北京:中国人民
大学出版社,2020.

本章知识链接